本书得到新疆大学双一流项目的资助

| 博士生导师学术文库 |

A Library of Academics by
Ph.D.Supervisors

# 中亚国家民法典中的知识产权法

——·——

邓社民　刁同文　编译

光明日报出版社

**图书在版编目（CIP）数据**

中亚国家民法典中的知识产权法 / 邓社民，刁同文
编译 . --北京：光明日报出版社，2022.12
ISBN 978－7－5194－7058－6

Ⅰ.①中… Ⅱ.①邓… ②刁… Ⅲ.①知识产权法—
研究—中亚 Ⅳ.①D936.03

中国版本图书馆 CIP 数据核字（2022）第 253443 号

中亚国家民法典中的知识产权法
ZHONGYA GUOJIA MINFADIAN ZHONG DE ZHISHI CHANQUANFA

编　　译：邓社民　刁同文

责任编辑：陆希宇　　　　　　　　责任校对：许　怡　李佳莹
封面设计：一站出版网　　　　　　责任印制：曹　净

出版发行：光明日报出版社

地　　址：北京市西城区永安路 106 号，100050

电　　话：010-63169890（咨询），010-63131930（邮购）

传　　真：010-63131930

网　　址：http://book.gmw.cn

E － mail：gmrbcbs@ gmw.cn

法律顾问：北京市兰台律师事务所龚柳方律师

印　　刷：三河市华东印刷有限公司

装　　订：三河市华东印刷有限公司

本书如有破损、缺页、装订错误，请与本社联系调换，电话：010-63131930

开　　本：170mm×240mm

字　　数：130 千字　　　　　　印　　张：12.75

版　　次：2024 年 1 月第 1 版　　印　　次：2024 年 1 月第 1 次印刷

书　　号：ISBN 978－7－5194－7058－6

定　　价：85.00 元

# 目  录
## CONTENTS

上 篇 # 01

## 中亚国家民法典中的知识产权法

基金项目：2021 年国家社科基金专项重大项目"铸牢中华民族共同体意识法制保障研究"（21VMZ010）、2021 年新疆大学铸牢中华民族共同体意识研究基地双一流项目"新时代依法治疆重大理论和实践问题研究"、2018 年国家社科基金重点项目"知识产权独立成编立法问题研究"（18AFX021）阶段性成果之一。2017 国家知识产权局软科学项目"中亚国家民法典编纂中知识产权立法及中国的启示"结项成果。邓社民（1969 年—），男，甘肃省庆阳市正宁县人，法学博士，知识产权法博士后。武汉大学法学院教授、博士生导师，新疆大学法学院教授、博士生导师、副院长。主要研究方向：知识产权法、网络数据法和俄罗斯中亚民法。

第一章

# 独联体国家（中亚国家部分）议会间大会示范民法典中的知识产权法概况

在 1991 年 12 月 8 日，俄罗斯总统叶利钦同白俄罗斯共和国及乌克兰总统在白俄罗斯共和国首府明斯克签约，成立由俄罗斯联邦、白俄罗斯共和国、乌克兰、阿塞拜疆、亚美尼亚、摩尔多瓦、哈萨克斯坦共和国、乌兹别克斯坦共和国、吉尔吉斯共和国、塔吉克斯坦共和国、土库曼斯坦等 11 个国家组成的"独立国家联合体"（Содружество независимых государств -- СНГ）。1993 年 12 月，格鲁吉亚正式成为独联体成员国的第 12 个国家。1992 年 3 月 27 日亚美尼亚、白俄罗斯共和国、哈萨克斯坦共和国、吉尔吉斯共和国、俄罗斯联邦、塔吉克斯坦共和国、乌兹别克斯坦共和国 7 个独联体国家议会间大会创始国负责人在哈萨克斯坦共和国首都阿斯塔纳签订了《独联体成员国议会间大会协定》。1995 年独联体国家议会间大会作为独立的国家间组织的地位在白俄罗斯共和国首都明斯克举行的元首理事会会议上最终得以巩固。1995 年 3 月 26 日独联体国家元首签订了 9 个联合体国家议会最后批准的《独联体国家议会间大会条约》。根据条约，独联体国家议会间大会取得国际组织的所有权利。独联体国家议会间大会总部位于圣彼得堡历史中心达夫瑞茄宫。独联体成员国议会间大会，用于讨论具有共同利益的问题和审查文件草案（第 1 条）。大会由当事国的议会代表团组成，各国议会从自己的议会代表中自主确定其议会代表团的构成、权限及其负责人（第 3 条）。代表团主要权利有三项：一是讨论需要各方协商的政治与社会经济问题；二是审议议会合作问题；三是起草并向最高理事会、独联体成员国国家元首理事会、政府首脑理事会提出建议（第 4 条）。在民事立法方面，自独联体成员国议会间大会成立以来，先后制定并通过了《示范民法典》和《示范知识产权法典》等示范法典。

## 第一节　独联体国家（中亚国家部分）

### 议会间大会《示范民法典》

1994 年 10 月 29 日独联体议会间大会第五次全体会议在圣彼得堡通过了《示范民法典》第一部分，包括三编：第一编一般规定，第二编所有权与其他物权，第三编债法总则。1995 年 5 月 13 日在圣彼得堡通过了第二部分，第四编债之种类。1996 年 1 月 17 日在圣彼得堡通过了第三部分，包括三编：第五编知识产权法，第六编继承法，第七编国际私法，共计 1235 条。其中第五编知识产权共计 7 章，112 条，包括一般规定；知识产权专有权（包括著作权，邻接权）；专利权（包括发明、实用新型、外观设计专利权，动植物新品种权，商业秘密）；商业标志权（包括商号权、商标权和地理标志权）。其基本内容由一般规定，专有权构成。

## 第二节　独联体国家（中亚国家部分）
## 议会间大会《示范民法典》的修改

2003 年 6 月 16 日独联体国家议会间大会第 21 次全体会议修改并通过了民法典第三部分《第五编知识产权》决议（No21-7 决议），只规定了知识产权的总则，共计 12 条（1034-1046）。具体规定了知识产权立法；知识产权客体；知识产权的产生；知识产权的内容；知识产权和物质载体所有权；财产权；财产权有效期；个人非财产权；财产权的转让；知识产权职务客体；在完成国家合同时创造的知识产权客体的权利；知识产权的实现；知识产权保护等。

## 第三节　独联体国家（中亚国家部分）
## 议会间大会《示范知识产权法典》

2010 年 4 月 7 日独联体国家议会间大会第 34 次全体会议通过了独联体国家《示范知识产权法典》，对知识产权进行了全面规定，共计 13 章，107 条。包括知识产权总则；文学、艺术和其他作品著作权；表演、录音与广播组织节目的邻接权；科学发现权；发明、实用新型、外观设计专利权；集成电路布图设计权；合理化建议权；动植物新品种权（育种成果权）；商号权；商品和服务商标权；地理标志权；商业秘密知识产权；知识产权财产权的实现等。其基本结构由总则、专有权和知识产权财产权的实现三部分构成。

　　独联体成员国议会间大会积极因应知识经济时代，知识产权成为重要财产的现实。在《示范民法典》制定之初明确地将知识产权独立成编，并规定了知识产权一般规定和知识产权专有权；到修改《示范民法典》时，概括规定了知识产权一般规定、专有权、专有权的实现和保护；再到《示范知识产权法典》的制定，反映了独联体国家与时俱进，适应当代创新驱动发展的时代潮流，为独联体国家提供了立法指引，也为其他国家民事立法提供了有益参考。

第二章

# 独联体国家（中亚国家部分）民法典中的知识产权法概况

## 第一节　俄罗斯民法典中的知识产权法

### 一、俄罗斯知识产权法立法历史发展

俄罗斯民事立法一直很重视知识产权法，知识产权法在民法典中经历了从部分规定，到单行法并存再到独立成编并废除单行法的过程。早在 1886 年的《俄罗斯帝国法律汇编》第一部分第十卷《民事法律汇编》第 420 条被命名为《所有权》，在该条附注二规定：文学和艺术作品所有权属于作者本人、他的继承人或者受让人，称为文学和艺术所有权；而音乐作品所有权称为音乐所有权。① 俄罗斯帝国时期的立法以民法典中的物权（所有权）规范调整著作权，将著作权作为所有权的一种，认为其与有形物的所有权没有区别。在立

---

① （俄）伊万·阿列克萨德洛维奇·塞宁. 知识产权法［M］. 第九版. 莫斯科：Юрайт 出版社，2014：36.

法体系上将包括著作权在内的知识产权纳入民法典物权部分是俄罗斯知识产权立法的最初尝试。1905年制订的《俄罗斯帝国民法典草案》第三卷物权中第七编规定了著作权，第八编规定了发明、商标和商号权等，其第1264条将文学、艺术和音乐作品著作权分别称为文学所有权、艺术所有权音乐所有权。由于立法争议大，草案没有被通过，而是随着十月革命的爆发而终结。《俄罗斯帝国民法典草案》继承了《俄罗斯帝国法律汇编》中《民事法律汇编》关于知识产权立法的历史传统。① 但俄罗斯帝国时期有关知识产权立法体例的创新和历史传承受到当时流行的知识产权所有权理论的影响，这是物权思维的结果，没有认识到知识产权客体的非物质性与物权客体物质性的不同。直到俄罗斯独立之后，编纂民法典之时，才将知识产权与物权作为民事权利同等对待，将其作为独立的一部分予以法典化。

俄罗斯民法典编纂经过了三个阶段：第一阶段是1922年的《苏俄民法典》没有规定知识产权；第二阶段是1964年制定的《苏俄民法典》，其中第四至六编分别为著作权、发现权、发明权，主要为著

---

① 张建文. 俄罗斯民法典编纂史研究［M］. 北京：中国政法大学出版社，2012：119 −120.

作权规范。① 第三阶段是俄罗斯国家杜马于 1994—2006 年间分四部分通过了《俄罗斯联邦民法典》。该法典反映了当代俄罗斯市场经济关系法律调整的成果，在俄罗斯民事立法史上以争议最激烈、编纂时间最长、规模最大、制度最全最新而著名。编纂《俄罗斯民法典》长达 14 年之久，采取了总分结合的立法技术，将知识产权作为民法典独立的一部分，使知识产权回归民法典，成为新近大陆法系民法典编纂的一种典范。《俄罗斯民法典》分为四个部分，总共有 1551条。②其中第四部分将知识产权法作为民法典独立的一部分完全纳入民法典，并废除了知识产权单行法，实现了知识产权法的完全法典化。第四部分包括 9 章，第 69 章是总则；第 70 章是著作权；第 71

---

① 20 世纪 80 年代后期开始的政治经济改革为知识产权立法带来了新的契机。首先，1990 年 12 月 24 日颁布的《苏联财产法》规定，知识产权可以作为私人财产为公民个人所有。1992 年的《俄罗斯联邦宪法》第 44 条和第 71 条也确认了知识产权可以作为个人财产应受法律的严密保护。在民法典第一部分颁布之前的 1992—1993 年期间，先后颁布了 6 部知识产权单行法：1993 年 7 月 9 日颁行的《著作权和邻接权法》，1992 年 9 月 23 日颁行的《专利法》《电子计算机程序和数据库保护法》《集成电路布图设计保护法》《商标、服务标志和商品原产地名称法》，1993 年 8 月 6 日颁行的《育种成果法》。王志华. 俄罗斯知识产权法综论［C］//国家知识产权局条法司. 专利法研究（2008）. 知识产权出版社，2009：125-137.

② 第一部分［第一编：民法总则（第 2 条民事立法调整的关系第 1 款规定了民事立法确认所有权和其他物权、智力活动成果和个性化标志权的民事流转、产生根据和实现程序，以及参加者的法律地位；第 8 条民事权利和义务产生的根据第 1 款第 5 项规定：科学、文学、艺术作品的创作、发明和其他智力活动成果的创造是民事权利和义务产生的根据）；第二编：所有权和其他物；第三编：债法总则（于 1994 年 10 月 21 日国家杜马通过，1995 年 1 月 1 日生效）］；第二部分［第四编：债法分论（于 1995 年 12 月 22 日国家杜马通过，1996 年 3 月 1 日生效）］；第三部分［第五编：继承法；第六编：国际私法（于 2001 年 11 月 1 日国家杜马通过，2002 年 3 月 1 日生效）］；第四部分［第七编：智力活动成果与个性化标志（于 2006 年 11 月 24 日通过，2008 年 1 月 1 日生效）］。鄢一美. 寻找现代《民法典》：中国与俄罗斯不同的立法进程［J］. 求是学刊，2010（2）：69.

章是邻接权；第 72 章是专利权，第 73 章是动植物品质种权；第 74 章集成电路布图设计权；第 75 章商业秘密权；第 76 章商业标志权，包括商号权、商标权、商品原产地名称权、其他商业标志权；第 77 章是由单一技术组成的智力活动成果使用权。同时，第四部分也是民法典编纂中准备时间最长的一部分，长达 14 年（从 1992 年到 2006 年）。根据 2014 年 3 月 12 日第 35 号联邦法，该部分又进行了修改和补充。

### 二、乌兹别克斯坦共和国民法典中的知识产权法。①

《乌兹别克斯坦共和国民法典》分为两部分，六编，共 1199 条。第一部分于 1995 年 12 月 21 日颁布（№ 163-I），包括第一编总则；第二编所有权和其他物权；第三编债权，包括第一分编债总，第二分编合同总则。第二部分于 1996 年 8 月 29 日颁布（№ 256-I），包括第三分编债的种类；第四编知识产权；第五编继承权；第六编国际私法规范适用于民事法律关系。2015 年 8 月 2 日又对整个民法典进行了修改。其中知识产权编规定了 7 章，共 281 条，包括总则（共 10 条）和分则。分则包括著作权；邻接权；工业产权（发明、实用新型、工业设计权）；动植物新品种权；保护非法使用未披露信息；民事流转参加者、商品、工作和服务个性化手段，包括商号、商品商标（服务商标）、商品产地名称。《俄罗斯民法典》对于知识产权采取独立成编式立法模式，并彻底废除了知识产权单行法。

---

① 乌兹别克斯坦共和国民法典第二部分（256-I 号），2015 年 8 月 20 日修改，第四编知识产权，1996 年 8 月 29 日通过。

### 三、白俄罗斯共和国民法典中的知识产权法。①

白俄罗斯共和国于 1998 年 10 月 1 日通过了《白俄罗斯共和国民法典》，2016 年 1 月 5 日对其进行了修改，共计 1153 条。《白俄罗斯共和国民法典》的结构采用八编制模式。② 其中知识产权编共有 9 章，53 条（第 979 条至第 1030 条），分为总则（12 条）和分则。③ 白俄罗斯共和国知识产权在民法典中独立成编，其编纂体例采用总则式，并保留了知识产权单行法。

### 四、亚美尼亚民法典中的知识产权法。④

亚美尼亚于 1998 年 7 月 28 日颁布了《亚美尼亚民法典》（№3P -239），2015 年 12 月 3 日对其进行了修改（№3P-197），共计 1183 条。该法典共有 12 编，即第一编总则；第二编民事权利主体；第三编民事权利客体；第四编所有权和其他物权；第五编法律行为代理，期限诉讼时效；第六编债权总则；第七编合同之债；第八编单方行为之债；第九编损害之债；第十编知识产权；第十一编继承权；第

---

① 白俄罗斯共和国民法典，1998 年 12 月 7 日通过（218-3），2016 年 1 月 5 日对其进行了修改，第五编 知识产权。
② 即第一编总则；第二编所有权和其他物权；第三编债权总则；第四编债的种类；第五编知识产权；第六编继承权；第七编国际私法；第八编最后条款。
③ 分则包括著作权与邻接权；工业产权总则；发明、实用新型、外观设计权；育种成果权；集成电路布图设计权；未披露信息免受非法使用权；民事交易参加者、商品、工作或者服务的个性标志权，包括商号、商品商标和服务商标、地理标志；不正当竞争。
④ 亚美尼亚民法典，1998 年 7 月 28 日通过（3P-239），第 10 编知识产权。

十二编国际私法。其中知识产权编有 8 章，共计 84 条。其主要内容
包括总则（11 条）和分则。① 亚美尼亚将知识产权独立成编，采用
通则式的编纂体例，并保留了知识产权单行法。

### 五、哈萨克斯坦共和国民法典中的知识产权法。②

哈萨克斯坦共和国于 1994 年 12 月 27 日颁布了民法典总则
（N268-XⅢ），其第 125 条和 126 条规定了知识产权客体与客体的
使用。1999 年 7 月 1 日颁布了民法典分则（N409）。该法典分为总
则和分则，共计 1124 条。总则包括第一编总则；第二编所有权和其
他物权；第三编债权。③ 早在 1992 年 7 月 24 日哈萨克斯坦共和国就
颁布了《专利法》；1999 年 7 月 16 日重新颁布了《专利法》《商标
和地理标志法》，废除了 1992 年的《专利法》；1996 年 7 月 13 日颁
布了《育种成果法》；2001 年 6 月 29 日颁布了《集成电路布图设计
法》；2015 年 11 月 16 日颁布了《信息许可法》；2015 年 10 月 21 日
颁布了《科技成果转化法》。哈萨克斯坦共和国知识产权独立成编，
采用通则式编纂模式，并保留了知识产权单行法。

---

① 分则包括著作权；邻接权；发明、实用新型、外观设计权；动植物新品种权；集成
电路布图设计权；非法使用未披露信息保护权；民事流转、商品和服务参与者个性
化标志权，包括商号；商标；地理标志、商品产地名称和传统产品保证。
② 哈萨克斯坦共和国民法典分则，1994 年 12 月 27 日通过，2016 年 4 月 9 日修改，第
五编 知识产权法。
③ 分则包括第四编债的种类；第五编知识产权；第六编继承权；第七编国际私法，共
计七编。其中知识产权编有 8 章，76 条，主要包括总则（9 条）和分则。分则包括
著作权；邻接权；发明、实用新型、外观设计权；育种成果权；集成电路布图设计
权；保护未披露信息免受非法使用权；民事流转参加者、商品和服务的个性化标志
——商号、商品与服务商标和商品产地名称。

### 六、吉尔吉斯共和国民法典中的知识产权法。①

《吉尔吉斯共和国民法典》分为两部分，七编，共 1208 条。1996 年 3 月 8 日颁布了《吉尔吉斯共和国民法典》第一部分（№16），包括第一编总则；第二编所有权和其他物权；第三编债法（总则）。第二部分于 1998 年 1 月 5 日颁布，2007 年 7 月 31 日修改，包括第四编债的种类；第五编知识产权；第六编继承权；第七编国际私法。2016 年 7 月 23 日又对整个法典进行了修改。其中知识产权编共有 7 章，81 条。主要包括总则（10 条）和分则。分则包括著作权；邻接权；工业产权（发明、实用新型、工业设计权）；动植物新品种权；保护非法使用未披露信息；民事流转参加者、商品、工作和服务个性化手段——商号、商品商标（服务商标）、商品产地名称。吉尔吉斯共和国知识产权独立成编，采用通则式编纂模式，并保留了知识产权单行法。

### 七、土库曼斯坦民法典中的知识产权法。②

土库曼斯坦于 1998 年 7 月 17 日颁布了《土库曼斯坦民法典》，2012 年 12 月 22 日对其进行了修改，共计 1260 条，分五个部分，即第一部分总则；第二部分物（财产）权；第三部分债权；第四部分

① 吉尔吉斯共和国民法典，1996 年 5 月 8 日通过，2016 年 7 月 23 日修改，第五编知识产权。
② 土库曼斯坦民法典，1998 年 7 月 17 日通过，2012 年 12 月 22 日对其进行了修改，第五部分 知识产权法。

知识产权；第五部分继承权。其中知识产权部分分为五编，共18条。第一编总则，包括知识产权客体、知识产权和所有权、智力活动成果创作者；第二编专有权、专有权有效期、专有权和其他知识产权的效力、智力活动成果和个性化标志的国家注册、专有权处分、无合同的专有权转让；第三编许可合同（包括专有、非专有）、再许可合同、强制许可合同；第四编财产权管理组织；第五编知识产权保护，包括纠纷的解决方式，专有权的确认，制止侵权和防止侵权危险，没收主要用于实施侵犯专有权的物质载体、设备和资料，证据和财产保全，在知识产权领域的国家注册由知识产权授权的国家机关实施。土库曼斯坦知识产权在民法典中独立成编，采用总则式编纂体例，并保留了知识产权单行法。

**八、塔吉克斯坦共和国民法典中的知识产权法。**①

《塔吉克斯坦共和国民法典》分为两部分，七编，共计1234条。第一部分于1999年6月30日颁布，包括第一编总则；第二编所有权和其他物权；第三编债权。第二部分于1999年12月11日颁布，2012年7月3日修改，包括第四编债的种类；第三部分是2005年3月1日颁布，2012年7月3日修改，包括第五编知识产权；第六编继承权；第七编国际私法。2016年7月23日又对整个民法典进行了修改。其中知识产权编只规定了知识产权总则，共计14条，主要包括知识产权的概念；知识产权客体；知识产权的产生；知识产权的

---

① 塔吉克斯坦共和国民法典第三部分，2005年3月1日通过，2012年7月3日修改，第五编知识产权。

内容；知识产权和物质载体所有权；个人非财产权；知识产权的财产权；财产权有效期；财产权转让；知识产权的职务客体；在完成国家合同时创造的知识产权客体的权利；知识产权权利的实现；知识产权保护等。知识产权保护方法：作者人身权保护方式有确权、恢复原状，制止侵权或者侵权危险行为，赔偿精神损害和公布许可侵权的法院判决。财产权保护方法：确权；制止侵权或者侵权危险行为；赔偿损失；没收用于实施侵权的材料和设备；发布实施侵权的法院判决；法律规定的其他方法等。塔吉克斯坦共和国知识产权编采用总则式编纂模式，保留了知识产权单行法。

## 九、乌克兰民法典中的知识产权法。①

2003 年 1 月 16 日乌克兰颁布了《乌克兰民法典》（№ 435-IV），2016 年 6 月 14 日对其进行了修改（№ 1414-Ⅷ），共 1308 条。该法典分为六个部分：总则；自然人的个人非财产权；所有权和其他物权；知识产权；债权；继承。其中知识产权部分有 12 章，90 条，包括知识产权总则（15 条）和分则。分则包括文学、艺术和其他作品；表演、录音、视频节目和广播组织节目（邻接权）；科学发现；发明、实用新型、工业外观；集成电路；合理化建议；动植物品种；商号；商标；地理标志；商业秘密。而在债编规定了知识产权财产权的处分，将知识产权合同规定在债的种类中。乌克兰民法典将知识产权法独立成编规定在物权编后，在债权编规定了知识产

---

① 乌克兰民法典，2003 年 1 月 16 日通过，2016 年 2 月 18 日修改，第四部分 知识产权法，第五部分债法，第三编债的种类，第 75 章知识产权财产权处分。

权许可和转让合同，共有 8 条，是独联体国家民法典编纂中独具特色的知识产权立法模式。乌克兰对知识产权编采用融入式的编纂体例，并废除了知识产权单行法。

第三章

# 独联体国家（中亚国家部分）民法典知识产权立法的特点

## 第一节　知识产权在民法典中独立成编

独联体国家均在《民法总则》中规定了知识产权的概念和范围、知识产权产生的根据、知识产权与所有权的关系等，完成了知识产权入典的立法。除阿塞拜疆和摩尔多瓦外，大多数国家顺应知识经济时代财产非物质化的发展趋势，以民事法律关系客体为标准，在民法典中将知识产权独立成编，使知识产权作为绝对权成为民法典中的重要内容，实现了知识产权的理性回归。同时，大多数国家在知识产权编规定了知识产权的一般规定和知识产权分则，只有塔吉克斯坦共和国和土库曼斯坦规定了一般规定，而没有规定分则。除俄罗斯、乌克兰和乌兹别克斯坦共和国外，大多数国家保留了知识产权单行法。从知识产权编的结构和内容来看，在一般规定中，独联体国家基本都规定了知识产权的概念和客体、知识产权主体、知识产权专有权（知识产权人身权和财产权）、知识产权有效期、知产权限制、知识产权的许可和转让、知识产权保护或者知识产权侵权责任等共性问题。在知识产权分则中，按照客体设计专有权，并将各单行法中的客体整合到专有权中。如在著作权和邻接权中整合了数据库、计算机软件、表演、录音制品、广播组织节目；在专利权中整合了育种成果、集成电路布图设计（乌兹别克斯坦共和国没有规定）、商业秘密、合理化建议（2010 独联体示范知识产权法）、科学发现（乌克兰）；在商标权中整合了商号、商标和地理标志。只有白俄罗斯共和国在知识产权编第 68 章规定了不正当竞争。

## 第二节　大多数国家在知识产权编中
## 没有规定知识产权取得程序和管理规范

大多数国家在知识产权编中没有规定知识产权取得程序和管理规范，只有《俄罗斯联邦民法典》、2010 年独联体国家议会间大会制定的《示范知识产权法典》和《亚美尼亚民法典》知识产权编规定了知识产权取得程序和有关管理规范。乌克兰、乌兹别克斯坦共和国、哈萨克斯坦共和国、白俄罗斯共和国、吉尔吉斯共和国都没有规定专利和商标的国家登记。为了知识产权许可使用和转让的交易安全，只规定了知识产权许可和转让合同的国家登记。俄罗斯在《民法典》第 1262 条规定了计算机软件和数据库的国家登记。《俄罗斯民法典》第 72 章用 32 个条文规定了专利证书的申请、变更与撤回，发明、实用新型和工业设计优先权，专利申请鉴定，发明、实用新型或者工业设计的临时法律保护，发明、实用新型、工业设计登记与专利证颁发，专利效力的终止与恢复，秘密发明的法律保护和使用的特殊性；用 7 个条文规定了育种成果和集成电路布图设计的国家登记；用 16 个条文规定了商标的国家登记；用 13 个条文规定了地理标志的申请和国家登记。2010 年独联体国家《示范知识产权法典》规定了专利和商标的申请和授权证书。亚美尼亚规定了专利权和商标权取得、许可和转让的国家登记。

## 第三节　乌克兰民法典知识产权编规定的主要是知识产权专有权，在债权编规定了知识产权许可和转让合同

乌克兰民法典中知识产权编除规定了作者权和邻接权、科学发现权、专利权、集成电路布图设计权、合理化建议权、动植物品种权、商号权、商标权、地理标志权、商业秘密权外，还在债编中规定了知识产权财产权许可和转让合同类型，包括知识产权客体使用许可；许可合同及其期限、格式许可合同；知识产权客体定制和使用创作合同；知识产权专有财产权转让合同；其他知识产权财产权处分合同；知识产权财产权处分合同的国家注册等。乌克兰将知识产权专有权规定在知识产权编，而将知识产权许可和转让合同规定在债编，实现了静态的绝对权和动态的相对权的分散规定，突破了知识产权一体规定的传统做法，使知识产权合同回归债法中，开创了知识产权融入民法典的立法先例。

## 第四节　独联体国家知识产权独立成编的立法模式

在知识产权编编纂模式上，独联体国家分别有四种模式：第一，完全独立成编模式，即将知识产权单行法进行梳理和整合，将其作为独立一编或者一部分规定在民法典中，并废除了知识产权单行法。如俄罗斯知识产权编共有 327 条，乌兹别克斯坦共和国知识产权编共有 281 条。第二，通则式，即在知识产权编规定了知识产权的主要内容，并保留了知识产权单行法。如白俄罗斯共和国、亚美尼亚、哈萨克斯坦共和国和吉尔吉斯共和国。第三，一般规定式，即在知识产权编规定了知识产权具有共性的规则，并保留了知识产权单行法。如塔吉克斯坦共和国 14 条和土库曼斯坦 17 条。第四，融合式，即知识产权编规定了知识产权的主要内容，而将知识产权合同（许可和转让合同）规定在债编中，并废除了知识产权单行法。

第四章

# 独联体国家（中亚国家部分）民法典知识产权立法对我国的启示

第一节　独联体国家（中亚国家部分）民法典开创性地将
　　知识产权在民法典中独立成编，使知识产权回归民法典

　　独联体国家民法典编纂适应知识经济时代知识产权作为社会主要财富的时代特征和创新驱动发展的时代精神，与时俱进，勇于创新，开创性地将知识产权在民法典中独立成编，使知识产权回归民法典，改变了知识产权游离于民法典的立法趋势。知识产权回归民法典使知识产权制度进一步得到民法理论的滋养并不断完善，同时，知识产权制度随着科技的发展，也使民法典能够不断接纳新的民事权利类型，使民法制度和理论得到充实和完善。21世纪是知识经济时代，知识经济是以知识产品的生产、流通和消费为主导的创新经济。全球销售的制成品近三分之一的价值源于品牌、外观设计和技

术等"无形资本"①。我国已经迈入中等收入水平行列国家，要跳出"中等收入陷阱"，必须依靠创新促进经济发展。知识产权已经成为国际社会保护创新和增强国家竞争力的决定性因素。知识产权法是保护创新之法，以保护创新者的知识产权为己任。因此，知识产权作为重要的民事权利应当回归民法典。民法典作为市场经济的基础性法律和"公民权利书"，在民法典中单独设置知识产权编，有助于突出知识产权的私权属性和神圣不可侵犯性，符合民事立法反映社会现实的要求。我国民法典编纂应当适应知识产权客体这种非物质性财产已经成为当今社会主要财产的社会现实，借鉴和吸收独联体国家民法典编纂的经验和方法，将知识产权在民法典中独立成编，制定一部反映时代特征、体现中国特色和引领世界潮流的民法典，是21世纪民法典编纂的必然要求。在知识经济时代，没有知识产权编的民法典是无视创新已成为当今社会经济发展主要驱动力和我国民事立法传统的民法典，更是达不到世界水准、落后的民法典。

## 第二节　独联体国家（中亚国家部分）
## 民法典回应了时代发展的需要

独联体国家虽然经济不发达，国际影响力不大，但是并不代表其文化传承和文化创新没有代表性。独联体国家民法典编纂运动中，大部分国家都将知识产权独立成编，不得不说这是21世纪民法典编

---

① 产权组织新研究给出制成品中"无形资本"的价值，开辟了先河。

纂的潮流，为知识经济时代民法典编纂提供了有益的经验和立法技术。在我国民法典编纂之际，我们不能忽视独联体国家民法典编纂的潮流和趋势，特别是将知识产权作为民法典独立一编或者独立一部分，回应了民法典编纂所处的创新驱动发展的时代特征和时代精神的立法创新。创新驱动发展已经成为知识经济时代经济和社会发展的主旋律，保护创新的知识产权法应当在民法典中占有一席之地。因此，为了适应创新驱动发展的时代精神，回应和超越世界第三次民法典编纂运动的潮流，我国在民法典编纂中，应当将知识产权独立成编。

## 第三节　独联体国家（中亚国家部分）民法典编纂吸收了苏联民事立法的有益经验

独联体国家民法典编纂中注重民事立法的历史传承，在知识产权立法方面吸收了苏联民事立法的有益经验。早在 1964 年，《苏俄民法典》中就规定了著作权、发现权、发明权。1990 年的《苏联财产法》第 3 条规定了发明权、发现权、著作权和其他知识产权。尽管 1991 年苏联解体，但独立后各独联体国家在进行民事立法中仍传承了苏联将知识产权作为民事权利立法的传统。同时，积极适应时代发展的需要，将知识产权独立于物权，在民法典中独立成编，安排在物权之后，债权之前，完成了各自民法典编纂的历史性创新。

我国 1986 年《中华人民共和国民法通则》中的民事权利就已经

规定了物权、债权、人身权以及知识产权，这是我国民法制度的创新①，为当今民法典的编纂提供了具有中国特色的制度基础。由于知识产权客体的非物质性特点，知识产权是民事权利中的一项独立的权利形态。如果知识产权在民法典中独立成编，不仅可以使知识产权回归纯正的民事权利属性，区隔公权力与私权利，而且在知识产权保护中能够剔除与民事权利本性不合的保护方式，进一步限制公权力的任意扩张。所以，缺少知识产权编的民法典是不完整的，在逻辑上也是不自洽的。将知识产权进行体系化、规范化和科学化的编纂，是我国编纂具有世界水准民法典的应有之义。同时，知识产权裁判同案不同判的现象比较严重。知识产权独立成编，可以推进知识产权法教义学的发展，培养裁判者的民法思维方式与表达习惯，引导裁判者在民法体系中寻求裁判的正当性与说服力，限制无法律和理论依据的"司法创新"，从根本上推进知识产权裁判的统一性。

今天我国民法典的编纂不仅要传承《中华人民共和国民法通则》的立法传统，而且要敢于冲破大陆法系物权与债权二元结构的思维定式，将知识产权作为财产权与物权、债权并列，突显我国特色的民事立法传统，反映知识经济时代财产非物质化的现实生活，开创大陆法系民事立法的新模式。

---

① 把知识产权"作为法律制度写入民法典中，中国是第一个，其他国家都没有把知识产权正式规定在民法典里。我国的《中华人民共和国民法通则》第一次在民法这一基本法中规定了知识产权，这是《中华人民共和国民法通则》具有中国特色的体现"。顾昂然，王家福，江平，等. 中华人民共和国民法通则讲座 [M]. 北京：中国法制出版社，2000：40.

## 第四节　乌克兰民法典编纂为知识
## 产权融入民法典提供了立法经验

　　乌克兰民法典编纂中将知识产权融入民法典契合了我国民事立法的逻辑，为我国民法典编纂提供了有益的经验。乌克兰在民法典编纂中不仅将知识产权独立成编，废除了知识产权单行法，同时，还在债编中规定了知识产权许可和转让合同，开创了知识产权融入民法典的立法先例。我国1986年的《中华人民共和国民法通则》将民事责任从债法中独立出来，形成了我国民法确权、权利实现和权利保护的立法体系模式，具有中国特色的制度创新和中国特有的民事立法思维方式。在《中华人民共和国民法通则》中，除了在总则中规定民事主体、行为外，按照确权、权利实现和权利保护的逻辑顺序构建民法体系。首先，规定所有权及与所有权有关的权利，确认自然人和法人对物享有的权利；其次，规定债权，通过债权实现物权的利益或者规范交易行为，保障交易安全；最后，规定民事责任实现对物权和债权以及人身权的保护。特别是民事责任的独立，实现了民法更好地保护民事权利的目的。"民事责任问题，是《中华人民共和国民法通则》中非常重要的内容，这也是我国民法典的独创。世界各国关于民事责任的规定，都是分散在各个章节里，没有一个国家把民事责任专门作为一章来规定。通过承担民事责任，使公民、法人受到侵犯的民事权利得到恢复或补偿，以此达到保护公民和法人合法民事权利的目的。如果光讲保护民事权利，没有民事责任，保护是空的。"①

## 第五节　政府的重视为民法典的编纂奠定了政治基础

独联体国家政府的大力支持为民法典编纂中知识产权独立成编奠定了政治基础。俄罗斯民法典编纂过程中，知识产权独立成编在社会各界没有达成共识的情况下，得到了总统的支持，通过了民法典第四部分，完成了俄罗斯民法典中知识产权编的独立。其他独联体国家也受到政府的有力推动，使知识产权在民法典中独立成编。

习近平新时代中国特色社会主义思想为我国知识产权在民法典中独立成编提供了政治保障。从党的十八大以来，尤其是在党的十九大报告中，习近平提出了坚持和发展中国特色社会主义的"五位一体"总体布局和"四个全面"战略布局的新发展理念和创新驱动发展战略以及推进国家治理体系和治理能力现代化的新举措，为我国在新的历史条件下编纂民法典提供了坚强的政治思想基础，特别是《关于完善产权保护制度依法保护产权的意见》的发布，为我国

---

① 顾昂然，王家福，江平，等. 中华人民共和国民法通则讲座 [M]. 北京：中国法制出版社，2000：40.

民法典编纂中将知识产权独立成编奠定了政策基础。① 民法典是民事领域法律规范系统化、体系化的法律思维的结果，是推进国家治理体系和治理能力现代化的基础性法律，是市场经济的基本法。

　　新时代中国特色社会主义的主要矛盾是人民日益增长的美好生活需要和不平衡不充分的发展之间的矛盾。要解决这一矛盾，必须贯彻新发展理念，加快建设创新型国家，倡导创新文化，强化知识产权创造、运用和保护。民法是规范与人民群众关系极其密切的人身关系和财产关系的法律规范。知识产权是知识经济时代人民群众的基本民事权利。通过编纂民法典，实现知识产权法的科学化和体系化，加强民事主体知识产权保护，有利于维护广大人民群众的切身利益和完善我国民事法律规范，对推进国家治理体系和治理能力现代化具有重要意义。因此，为了贯彻十九大精神，加快建设创新型国家，就必须大力培养人民群众的创新文化环境。虽然我国已经建立了比较完备的知识产权制度，但社会公众的知识产权意识还比较薄弱。在民法典编纂中，如果知识产权不能独立成编，我国的民法典就不是创新的民法典，无法营造全社会的创新文化氛围，尤其是无法满足国家引领经济新常态、实施国家创新驱动发展战略的需要。如果我国民法典中将知识产权独立成编，不仅有助于提升知识

---

① 2016 年 11 月 27 日中共中央国务院发布的《关于完善产权保护制度依法保护产权的意见》提出产权制度是社会主义市场经济的基石，要求推进产权保护法治化，加快推进民法典编纂工作，全面保护物权、债权、股权和知识产权及其他各种无形财产权，特别是将加大知识产权保护单独作为一条进行规定，提出加强知识产权保护的立法、司法和行政执法等具体措施。这充分说明我们党和国家将产权保护，尤其是知识产权保护提到了一个新的历史高度，要求以民法典编纂为契机，加强包括知识产权在内的各种财产权的保护。

产权在民法典中的地位，而且有助于教育全民族，提升全民族的知识产权意识，有利于促进创新，有利于创新型国家的建设。虽然目前我国制定了比较完备的知识产权单行法，但没有一部法律承认知识产权是私权。只有在我国民法典编纂之机，将知识产权独立成编，才能彰显知识产权的民事权利属性，才能使广大人民群众认识到知识产权作为民事权利的重要性，才能更加激励人民群众创造和保护知识产权的积极性，以及提高运用知识产权的安全性，才能使"大众创业万众创新"的政策在祖国大地落地生根，为加快建设创新型国家的中国特色社会主义思想的实现提供基础性法律保障。

下 篇

# 02

|中亚国家民法典知识产权编|

# 第一章

## 哈萨克斯坦共和国民法典知识产权编

1994 年 12 月 27 日哈萨克斯坦共和国颁布了民法典，先后经过了七次修改，共计 1124 条。哈萨克斯坦共和国民法典分为总则和分则两个部分。总则共三编：第一编总则；第二编所有权和其他物权；第三编债权。分则共四编：第四编债的种类；第五编知识产权；第六编 继承权；第七编国际私法。其中第五编知识产权于 2005 年 11 月 5 日颁布（№ 90-Ⅲ），2015 年 4 月 7 日修改（№ 300-Ⅴ）和 2016 年 4 月 21 日修改，共计 8 章，76 条。分为一般规定，著作权，邻接权，发明、实用新型、外观设计权，育种成果权，集成电路布图设计权，保护未披露信息免受非法使用权，民事流转参加者、商品和服务的个性化标志——商号、商品与服务商标和商品产地名称。该文本是根据 2016 年 4 月 21 日修改的内容编译而成。

**哈萨克斯坦共和国民法典**

第五编　知识产权（961-1037）

第 49 章　一般规定（9 条）

第 961 条　知识产权的客体

1. 属于知识产权客体的有：

（1）创造性智力活动成果；

（2）民事流转参加者、商品、工作或者服务个性化标志。

2. 属于创造性智力活动成果的有：

（1）科学、文学和艺术作品；

（2）表演、演出、有线和无线广播组织的广播和节目；

（3）发明、实用新型、外观设计；

（4）育种成果；

（5）集成电路布图设计；

（6）未披露信息，包括生产秘密；

（7）本法典或者其他法律文件规定的其他创造性智力活动成果。

3. 属于民事流转参加者、商品、工作或者服务个性化标志的有：

（1）商号；

（2）商品商标（服务商标）；

（3）商品产地名称（注明原产地）；

（4）本法典和其他法律文件规定的民事流转参加者、商品、工作或者服务的个性化标志。

第 962 条　知识产权客体权利产生的基础

知识产权客体权利产生是由于其创造事实或者被授权的国家机关按照本法典和其他法律文件规定程序提供法律保护。

第 963 条　知识产权客体的个人非财产权和财产权

1. 创造性智力成果的个人非财产权和财产权属于该成果的作者。

个人非财产权属于作者，独立于财产权，即使创造性智力成果的财产权移转给他人，个人非财产权依然属于原作者。

2. 个性化标志财产权属于民事流转参加者、商品或者服务（以下称个性化标志）的个性化标志权利的拥有者。

3. 法律承认作者的创造性智力成果权利（作者权）是个人的非财产权，其只能属于用创造性劳动创造出了创造性智力成果的个人。

作者权不可剥夺和不可转让。

如果该智力成果是由两个或两个人以上共同创造的，则其被视为共同作者。对于某些知识产权的客体，法律可以限制共同作者的范围。

根据哈萨克斯坦共和国 2015 年 4 月 7 日的法律，对第 964 条进行了修订［第 300-V 号（见旧版）］。

第 964 条 知识产权客体专有权

1. 对于创造性智力成果和个性化标志的专有权是指其拥有者可以以任何方式使用知识产权客体的权利。

经权利人同意或者在哈萨克斯坦共和国法律有另外规定的情况下，他人可以被许可使用知识产权客体。

2. 知识产权客体专有权拥有者有权将其权利全部或者部分转让给他人，允许其使用和处置知识产权客体但不得违反本法和其他法律规定。

3. 根据本法典和其他法律文件规定的范围和程序可以限制专有权，宣告专有权无效和终止（废除）专有权。

第 965 条 专有权转让给他人

1. 如果本法典或者其他法律文件没有另外规定，知识产权客体专有权可以由其权利人按照合同全部或者部分转让给他人，以及按照遗产的概括继承和由法人权利人改组的程序移转。

专有权转让不应当限制作者权和其他非财产权。有关该权利的转让或限制的合同条款无效。

2. 在合同中规定有效期内给予他人有限时间的排他性权利的合同，适用许可合同规则（本法第966条）。

第966条　许可合同

1. 按照许可合同，对于创造性智力成果或者个性化标志拥有专有权的一方当事人（许可人）有授权给另一方当事人（被许可人）以特定方式临时使用相关知识产权客体的权利。

许可合同是有偿的。

2. 许可合同可以规定授予被许可人：

（1）使用知识产权客体的权利，许可人保留其自身使用权和向他人颁发许可证的权利——普通（非排他性）许可；

（2）使用知识产权客体的权利，许可人保留其使用的可能性但不得向他人颁发许可证——专有（独占性）许可；

（3）其他不与法律文件抵触的使用知识产权客体的条件。

除非许可合同另有规定，否则，许可被认为是普通（非排他性）许可。

3. 被许可人授予他人知识产权客体使用权的合同被认为是再许可合同。被许可人只在许可合同有规定的情况下有权签订再许可合同。

除许可合同另有规定的以外，被许可人对再许可人的行为负责。

第 967 条 创作和使用知识产权的合同

1. 作者可以根据合同承担创作作品、发明或其他创造性智力成果的义务，并向非其雇主的客户授予独家使用权。

2. 本条第一款规定的合同应该规定拟创作的创造性智力成果的性质，以及其使用的目的或者方式。

3. 限制作者创作某一类型或某一领域智力活动成果的权利的合同条款无效。

第 968 条 专有权和所有权

创造性智力成果或者个性化标志专有权独立于体现该成果或个性化标志的物质客体的所有权。

第 969 条 专有权有效期

1. 知识产权客体专有权在本法典或者其他法律文件规定的期限内有效。

法律可以规定延长期限。

2. 创造性智力成果的个人非财产权永久有效。

3. 在法律文件规定情况下，专有权的效力可以因其在一定时间内未使用而终止。

第 970 条 专有权保护方法

1. 专有权的保护按照本法典第 9 条规定的方式进行。还可以通过以下方式保护专有权：

（1）没收因使用侵犯专有权的物质客体，并没收由于侵权创造的物质客体；

（2）强制发布侵权情况，其中包括被侵犯权利的权属信息；

（3）法律规定的其他方式。

2. 违反创造性智力成果和个性化标志使用合同的，适用一般侵权责任规定（本法典第 20 章）。

第 50 章　著作权

第 971 条　受著作权保护的作品（著作权客体）

1. 著作权及于创作活动中产生的科学、文学和艺术作品，不论其用途和品质，以及其表现形式。

2. 著作权适用于已发表（公布，出版，公开表演，公开展示）或虽未发表但以客观形式存在的作品。

（1）书面的（手稿，打字稿，乐谱等）；

（2）口头的（公开演讲，公开表演等）；

（3）录音或录像（物理的，数码的，磁性的，光学的等）；

（4）图画（插图，草图，绘画，规划图，平面图，动画，电视，视频或者照片等）；

（5）立体作品（雕塑，模型，标本，建筑等）；

（6）其他形式。

3. 具有本条第 1 款所述特征且可以独立使用的作品的一部分（包括名称，种类，性质）是著作权的客体。

4. 著作权不适用于思想本身，如概念，原理，定律，技术，方法，操作流程，科学发现，事实。

第 972 条　著作权客体的种类

1. 著作权的客体有：

（1）文学作品；

（2）戏剧，音乐剧作品；

（3）剧本；

（4）舞蹈作品和哑剧；

（5）歌曲或纯音乐；

（6）视听作品；

（7）绘画，雕塑，图形和其他美术作品；

（8）实用艺术作品；

（9）建筑，城市规划和设计，园林艺术作品；

（10）摄影作品和以类似于摄影的方式获得的作品；

（11）属于地理、地形和其他科学的地图、规划图、草图、插图和三维作品；

（12）电脑程序；

（13）其他作品。

2. 对计算机程序的保护适用于所有类型的计算机程序（包括操作系统），这些程序可用任何语言和任何形式表现，包括源代码和目标代码。

3. 著作权法的客体还包括：

（1）派生作品（翻译，改编，注释，摘要，概述，评论，戏剧，音乐编曲和其他加工的科学、文学和艺术作品）；

（2）汇编（百科全书，文选，数据库）以及体现了搜集和整理资料的创造性劳动成果的作品。

派生作品和汇编作品受著作权的保护，不论其所依据的作品或其所包含的作品是否是著作权的客体。

第 973 条　著作权关系的法律规则

著作权关系受本法和其他有关著作权及相关权利法的调整，以及在本法和其他法律规定的情况下，受本法和其他法律的管辖。

第 974 条　不受著作权保护的作品

（1）官方文件（法律，判决，立法，行政，司法和外交性质的其他文件），以及他们的官方译本；

（2）国家象征物和标志（国旗，国徽，勋章，货币标志，其他国家象征物和标志）；

（3）民间艺术作品；

（4）有关事件和事实的信息类的消息。

第 975 条　起草正式文件，国家象征和标志的权利

1. 官方文件，国家象征物和标志的草案的著作权属于创作草案的人（起草人）。

除起草机构禁止，官方文件、国家象征物和标志草案的起草人有权发布该草案。草案发布时，起草人有权要求注明其姓名。

2. 如果草案已经发布或发送给相关机构，主管机构可以在未经起草人同意的情况下为准备官方文件而使用。

根据草案拟备正式文件、政府象征或标志时，可由主管部门酌情对其作出增补及修订。

3. 草案获得主管部门审议通过后，可以在不表明起草人姓名和未支付作者报酬的情况下使用。

第 976 条　著作权保护标志

1. 著作专有权的持有人可以使用受保护的著作权标志来宣示自

已的权利，并可以在每个复制作品上标明其标志，该标志由三个要素组成：

（1）在一个圆圈内的拉丁字母"C"；

（2）专有权持有人的姓名（名称）；

（3）该作品的首次公布年份。

2. 除非另有证明，著作专有权持有人是保护标志中标明的人。

第 977 条 作者的个人非财产权

1. 作品的作者有以下个人非财产权：

（1）被承认为作品的作者的权利，并要求在使用中予以承认，排除对同一作品的其他人作者身份的承认（身份权）。

（2）以自己的名字、化名或匿名方式使用作品的权利（著作姓名权）。

（3）在出版、公开表演或以其他方式使用作品期间，未经作者同意，任何人不得对作品进行更改和添加，并保护作品（包括其名称）不被任何人更改和添加。未经作者同意，禁止在出版过程中为其作品提供插图、前言、后记、评论或任何解释。

作者去世后保护作品的完整性，由遗嘱指定的人承担，没有指定时由作者的继承人承担，以及依照相关法律规定应承担著作权保护责任的人。

（4）让不特定的社会公众接触作品的权利（发表权），在执行公务或履行雇主要求的过程中所创作的作品除外。

2. 作者有权做出撤销之前出版作品的决定（撤回权），但需赔偿使用者因该决定而受到的损失，包括利润损失。如果作品已经公开，作者有义务公开其撤回的通知，与此同时作者有权回收之前已经在流通的作品副本。

本款规定不适用于公务作品。

3. 作者与某人的协议关于放弃行使个人非财产权利的声明无效。

第 978 条　作者的财产权

1. 作者拥有以任何形式和任何方式使用作品的专有权。

2. 作者使用作品的专有权是指行使、授权或禁止实施以下行为的权利：

（1）复制作品（复制权）；

（2）以任何方式传播作品的原件或复制件：出售，交换，出租，实施其他行为，包括在开放的信息和通信网络中（传播权）；

（3）公开展示作品（公开展示权）；

（4）公开表演作品（公开表演权）；

（5）向公众公开作品，包括通过无线或有线广播（公众传播权）；

（6）广播作品（通过广播和电视），包括通过有线或卫星通信进行传播（传播权）；

（7）翻译作品（翻译权）；

（8）修改、改编或以其他方式对作品加工（再加工权）；

（9）切实实行城镇规划，建筑，设计项目；

（10）实施与立法法案不相抵触的其他行为。

3. 哈萨克斯坦共和国 2015 年 4 月 7 日第 300-V 号法律（见旧版）不包括在内。

4. 如果合法发表的作品的复制件通过出售方式进入民事流转，则在未经作者同意和不支付作者报酬的情况下允许继续传播，但哈萨克斯坦共和国立法法案另有规定的情况除外。

5. 无论是以营利为目的使用还是不以营利为目的使用，都认为是对作品的使用。

6. 构成作品内容（发明、其他技术、经济、组织等决定）的论点的实际应用并不构成著作权意义上的作品的使用。

第 979 条　作品的寄存

1. 将作品手稿、其他作品在包括机器在内的有形媒介上的存放，被认为是对作品的使用，如果此类存放是在存储处（存储库）开放访问的情况下进行的，这种情况下允许任何人根据与保管人的协议收到作品的副本。

2. 作品的寄存是根据权利人与保管人的合同进行的，该合同规定了使用作品的条件。此类合同和用户的寄存合同是公开的（本法典第 387 条）。

第 980 条　著作权在哈萨克斯坦共和国境内的效力

1. 在哈萨克斯坦共和国境内首次发表或虽未发表，但其原件以任何客观形式存在于哈萨克斯坦共和国境内的，作者和（或）其继承人以及作者的其他权利继承人均享有著作权，不考虑其国籍。

2. 哈萨克斯坦共和国公民的作品在外国境内首次发表或以某种客观形式存在的，作者以及作者的合法继承人的著作权受法律保护。

3. 根据国际条约给予著作权持有人法律保护时，在外国境内发表的事实是根据有关国际条约的规定确定的。

4. 为保护哈萨克斯坦共和国境内的作品，作品作者应根据作品首次受到保护的国家的法律确定。

第981条 著作权效力的起始

作品的著作权从作品可以被第三方接触的那一刻起生效，无论其是否发表。口头作品的著作权自其传达给第三方之时起生效。

如果作品不属于本法典第980条的范围，那么在哈萨克斯坦共和国该作品的著作权应在作品发表之时受到保护。

第982条 著作权的有效期

1. 著作权在作者生前和他死后七十年内有效，作者死后著作权的有效期从作者死后次年的1月1日起算。

2. 以共同作者身份创作的作品的著作权为共同作者有生之年以及其他共同作者中最后一位作者去世后七十年内有效。

3. 首次以笔名或匿名发表的作品的著作权有效期为七十年，自作品发表之年的次年1月1日起算。

如果在规定期限内匿名或笔名的身份被披露，则适用本条第1款规定的期限。

4. 在本条第1款规定的期限内，著作权归作者的继承人所有，并由继承人继承，以及根据与作者及其继承人的合同获得权利的人。

5. 在作者死后三十年内首次发表的作品的著作权，自其发表之年的下一年的1月1日起70年内有效。

6. 作者身份、作者姓名和作品的完整性受到无限期保护。

第983条 作品变为公有财产

1. 著作权有效期届满后的作品转为公有财产。

2. 转为公有财产的作品，任何人无须支付作者报酬而自由使用。此时应该尊重作者的署名权、姓名权、保护作品完整权。

第 984 条 著作权管理

1. 著作权人有权自行行使其权利。除本法第 977 条规定的权利外，由法定代表人代理时，其他人必须经著作权人同意并在其授予的权力范围内管理著作权。

2. 著作权人和相关权利人可以依照法律规定的程序，设立著作权和相关权利管理机构。

第 51 章 邻接权

第 985 条 邻接权的客体

邻接权适用于演出、表演、录音制品、无线和有线广播组织的节目，不论其用途、内容、品质，以及表达的方式和形式。

第 986 条 邻接权的主体

1. 邻接权的主体是表演者，录音制品制作者，无线和有线广播组织。

2. 录音制品制作者、无线和有线广播组织，在根据与表演者和录音制品制作者签订的合同或通过无线或有线电视传播的合同的权利范围内，行使本章规定的权利。

3. 表演者行使本章规定的权利和依照哈萨克斯坦共和国的法律行使权利，须遵守被表演作品的作者权利。

4. 关于邻接权的产生和实施，不需要作品登记或遵守任何其他官方要求。

5. 录音制品制作人和（或）表演者可以使用邻接权的保护标记

来宣示他们的权利，该标志放置在表演记录、录音制品的每个复制件和（或）每个外盒上，并由三个要素组成：

（1）圆圈中的拉丁字母"P"；

（2）专有邻接权的拥有者的姓名（名称）；

（3）表演记录、录音制品记录的首次公布年份。

6. 除非另有证明，录音制品的制作者是姓名或名称标注在录音制品和（或）录音制品的外盒上的自然人或法人。

第 987 条　邻接权的效力

1. 表演者的演出权，首次在哈萨克斯坦共和国境内发生时，在哈萨克斯坦共和国境内生效。在这种情况下，无论其公民身份如何，该表演者及其继承人以及表演者的其他权利继承人均享有该权利。

当表演首次在外国领土上实现时，表演者的权利以及他的权利继承人也被承认。

2. 如果该复制品或样品首次在哈萨克斯坦共和国公开发行，则录音制品制作者的权利在哈萨克斯坦共和国境内生效。

哈萨克斯坦共和国公民或在哈萨克斯坦共和国境内拥有居住地或办公地点的法人实体，法律也保护其录音制品制作者的权利。

3. 在下列情况下，无线或有线广播组织的权利应得到承认：如果该组织在哈萨克斯坦共和国境内设有官方办事处，并使用位于哈萨克斯坦共和国境内的发射装置进行传输的。

根据哈萨克斯坦共和国批准的国际条约，其他外国表演者、录音制品制作者、无线或有线广播组织的权利在哈萨克斯坦共和国境内受到保护。

第 988 条　邻接权主体的权利规范

表演者、录音制品制作者、无线和有线广播的组织的专有权和其他权利的范围和内容，以及对上述主体专有权的限制、约束以及违法责任均受立法法案规范。

第 989 条　邻接权的有效期

1. 表演者的相关权利应在首次表演或演出后七十年内有效。表演者的姓名权和保护表演或者演出免受歪曲的权利受到无限期的保护。

2. 与录音制品制作者有关的邻接权在录音制品首次发行后的七十年内有效，或者如果在此期间内录音制品没有公布，则在其首次录制后七十年内有效。

3. 无线广播组织的相关权利在该组织首次通过无线广播后七十年内有效。

4. 有线广播组织的有关权利自有线电视首次通过有线播出后七十年内有效。

5. 本条第 1 款至第 4 款规定的期间的计算自法定事实发生年份下一年的 1 月 1 日开始，这是开始这一期间的基础。

第 990 条　表演者、录音制品制作者、无线和有线广播组织者为外国公民或外国法人的权利

表演者、录音制品制作者、无线和有线广播组织为外国公民或外国法人，如果他们在哈萨克斯坦共和国境外进行首次表演，演出，录制或通过无线广播，则其权利根据哈萨克斯坦共和国批准的国际条约在其境内生效。

第52章　发明权、实用新型权、工业外观设计权

第991条　发明、实用新型、工业外观设计的法律保护条件

1. 发明、实用新型和工业外观设计的权利受专利保护。

2. 受法律保护的发明是指具有新颖性、创造性和工业实用性的技术方案。

3. 受法律保护的实用新型是一种新颖的、具有工业实用性的技术方案。

4. 获得法律保护的工业外观设计是产品的艺术—设计解决方案，它的确定的外观具有新颖性、独创性。

5. 发明、实用新型、工业品外观设计获得专利权的要求，其颁发程序由授权的国家机构［以下简称专利机构（组织）］通过立法确定。

6. 非专利技术解决方案清单，产品的艺术-设计解决方案由立法法案确定。

第992条　发明、实用新型、工业外观设计的使用权

1. 专利权人拥有自行决定使用专利发明、实用新型或工业品外观设计的专有权利，包括使用受保护的解决方案制造产品，在自己的生产中使用专利技术工艺，销售或许诺销售含有受保护的解决方案的产品，进口相关产品。

2. 未经专利权人许可，其他人不得使用发明、实用新型、工业外观设计，但依照本法典或者其他立法法案使用，不侵犯专利权人权利的除外。

3. 未经授权，制造，使用，进口，许诺出售，销售，其他引入

民用流转或为以上目的储存，含有已取得专利权的发明，实用新型或工业外观设计的产品，以及在发明中应用受专利保护的方法，或投入市场流通、或以此目的储存由受发明专利保护的方法直接制造的产品，属于侵犯专利权人的专有权。

该产品被认为是以专利方式制造，直到另有证明。

第 993 条　专利权的处分

取得专利的权利、申请登记的权利、处分专利的权利和由专利产生的相关权利可以全部或者部分转让给他人。

第 994 条　创造者的权利

1. 发明、实用新型、工业外观设计的作者享有署名权。

2. 发明、实用新型、工业外观设计的署名权和其他人身权利自保护文件上的权利产生之日起产生。

3. 对于发明、实用新型、工业外观设计者来说，法律可以使其拥有一些具有社会属性的特殊权利、优惠条件和优先权。

4. 在申请中指明的人被视为作者，除非另有证明。只有在权利出现之前已经存在的事实和情况才能作为证据使用。

第 995 条　发明、实用新型、工业外观设计的共同作者

1. 发明、实用新型、工业外观设计的共同作者之间的相互关系由他们之间的协议决定。

2. 在发明、实用新型、工业外观设计的创造过程中（技术、组织或其他方面的援助，获得权利方面的协助等）仅提供非创造性帮助的不是共同作者。

第 996 条 职务发明、实用新型、工业外观设计

雇员在执行公务或雇主的特定任务期间创造的发明、实用新型、工业设计（职务发明、实用新型、工业外观设计）的专利权属于雇主，但劳动合同另有规定的除外。

第 997 条 作者享有职务发明、实用新型、工业品外观设计的报酬权。

因为职务发明、实用新型、工业外观设计向作者支付报酬的数额、条件和方式应由他与雇主之间的协议确定。如果无法衡量作者和雇主对创造职务发明，实用新型或工业设计的贡献，则向作者支付报酬的数额、条件和方式应由哈萨克斯坦共和国的立法法案确定。

第 998 条 专利在哈萨克斯坦共和国境内的效力

1. 在哈萨克斯坦共和国境内，由授权机构颁发发明、实用新型和工业品外观设计专利。

2. 在符合哈萨克斯坦共和国国际条约规定的情况下，经外国或国际组织颁发的专利在哈萨克斯坦共和国境内有效。

3. 如果根据既定程序符合哈萨克斯坦共和国法律对发明、实用新型或工业外观设计的要求，则外国人和外国法人实体或其合法继承人有权在哈萨克斯坦共和国获得发明、实用新型和工业品外观设计专利。

第 999 条 专利的有效期

1. 专利自向专利机构（组织）提出申请之日起生效，并在遵守哈萨克斯坦共和国法律规定的条件下保持有效：

（1）发明专利——二十年。对于与医药产品、农药（有毒化学

品）及相关发明，其使用需要根据哈萨克斯坦共和国立法规定的许可和应用程序获得许可，专有权和证明该权利专利的有效性可应专利持有人的请求延长，但不得超过五年。该期限应延长至提交发明专利授予申请之日起至收到该发明使用的第一次授权之日减去五年。

（2）实用新型专利——五年。专利机构（组织）可以根据专利权人的请求延长专利权，但不得超过三年；

（3）工业外观设计专利——十五年。专利机构（组织）可以根据专利权人的请求延长专利权，但不得超过五年。

2. 发明、实用新型、工业品外观设计的保护自向专利机关（组织）提出申请之日起生效。权利保护可以在授予专利后进行。如果拒绝授予专利，则不予保护。

发明、实用新型、工业品外观设计的优先顺序应按照哈萨克斯坦共和国法律规定的程序确定。

3. 有效期届满时，以及提前终止专有权的情况下，发明、实用新型或工业品外观设计应转移至公共领域。

进入公共领域的发明、实用新型或者工业品外观设计，任何人都可以不经同意或者许可，并且不支付使用报酬而自由使用。

第 1000 条　专利权转让合同

专利权转让合同应当以书面形式订立，并应当向专利机关（组织）登记。不遵守书面形式或登记要求将导致合同无效。

第 1001 条　发明、实用新型、工业外观设计使用许可合同

1. 使用发明、实用新型或者工业品外观设计的许可合同和再许可合同，应当以书面形式订立，并经专利主管部门（组织）登记。

不遵守书面形式或登记要求将导致合同无效。

2. 许可合同的内容必须符合本法典第 966 条规定的要求。

第 1002 条 开放许可

1. 专利权人可以向专利主管部门（组织）提出申请，授予任何人取得使用发明、实用新型或者工业品外观设计的权利（开放许可）。

表示希望使用开放许可的人必须与专利权人订立付款合同。关于该合同条款的争议由法院解决。

2. 专利权人的授予开放许可权的申请不得撤销。

第 1003 条 专利侵权责任

应专利权人的请求，专利侵权行为必须终止，侵权人有义务赔偿专利权人由此遭受的损失（本法第 9 条）。专利权人有权向侵权人追偿其因非法使用发明、实用新型或工业品外观设计而获得的收入，而不是专利权人由此造成的损失。

第 1004 条 在先使用权

1. 在发明、实用新型或工业外观设计的优先权日期之前，在哈萨克斯坦共和国境内善意使用了不依赖与作者的相同解决方案或为其进行必要的准备的任何人，保留在不扩大使用范围的情况下继续无偿使用相同解决方案的权利。

2. 在发明、实用新型、工业外观设计专利授权消息正式公告前，优先权日期后开始善意使用发明、实用新型、工业外观设计的人，应专利权人的请求，有义务停止继续使用。但是，这样的人没有义务向专利权人赔偿由于使用而对其造成的损失。

第 1005 条　对专利权人权利的限制

限制专利权人权利的理由、终止（撤销）专利、宣告无效、终止其有效性、颁发强制许可和强制转让专利的条件由立法规定。

第 53 章　育种成果权第 1006 条　保护植物新品种和动物新品种权的条件

1. 新植物品种和新动物品种（育种成果）的权利受专利保护。专利证明可以证明专利权人使用育种成果的专有权、优先权和育种人的著作权。植物育种的成果是通过人工选择获得的植物品种，并具有一个或多个经济特征以区别于现有植物品种。

畜牧业的育种成果被认为是由人类创造的一个品种，即一个完整的、大量的、共同起源的动物群体，具有家谱结构和特性，能够将其与同一物种的其他动物品种区分开来，并在数量上足以作为同一品种繁殖。

2. 育种成果受法律保护的条件、植物品种与动物品种专利的注册和颁发程序由立法规定。

3. 育种成果权及其相关权利的保护适用本法典第 992—998 条、第 1000—1004 条的规定，但本章规定和育种成果保护立法另有规定的除外。

第 1007 条　作者的育种成果命名权

1. 育种成果的作者有权决定其名称，该名称必须符合法律规定的要求。

2. 在生产、再生产、供货，销售和其他类型的受保护的育种成果销售中，必须使用为其登记的名称。不允许对生产的和（或）出售的种子、育种材料使用不同于登记名称的名称。

3. 将注册的育种成果名称授予不属于种植、出售种子和育种材料的，是侵犯专利权人和育种者权利的行为。

第 1008 条　育种成果作者的获得报酬的权利

1. 育种成果的作者并非专利持有人，有权从专利权人处获得专利有效期内使用育种成果的报酬。

2. 向作者支付报酬的数额和支付条件应由他与专利持有人之间达成的协议确定。同时，报酬数额不应低于专利持有人因使用育种成就所得的年收入总额的百分之五，包括出售许可所得的收入。

除非作者与专利持有人达成的协议另有约定，否则报酬将在使用育种成果的每一年届满后六个月内支付给作者。

第 1009 条　育种成果专利权人的权利

育种成果专利权人在育种成果保护立法规定的范围内享有专有使用该成果的权利。

第 1010 条　专利权人的义务

育种成果的专利权人有以下义务：

（1）允许投入流通的品种、种类用于生产；

（2）在专利期限内持有一定的植物品种或相应的动物品种，以使专门机构在官方描述中能够指明动物品种或植物品种的特征。

第 1011 条　育种成果的专利有效期

育种成果专利的有效期自向专利主管机关（机构）提出申请之日起，有效期为二十五年。

有关育种成果的立法法案可能会为某些类型的育种成果设立较

长的专利有效期。

第 1012 条　育种成果的准许使用

允许使用受法律保护（拥有专利）的育种成果。

第 54 章　集成电路布图设计权

第 1013 条　集成电路布图设计权的保护条件

1. 本章和其他立法法案所预先规定的法律保护仅延伸到有独创性的集成电路布图设计。

有独创性的集成电路布图设计是由作者的创造性活动创建并固定在物质载体上的集成电路元素与其互联线路的空间—几何分布。

2. 本章条款提供的法律保护不适用于可在布图设计中体现的思想、方法、体系、操作方法或编码信息。

3. 本法典第 994—997 条的规则适用于与集成电路布图设计和这些权利的保护相关联的权利。

第 1014 条　集成电路布图设计的专有权

1. 集成电路布图设计的作者或其他权利持有人拥有自行决定使用该布图设计的专有权利，特别是制造含有此布图设计的集成电路，包括禁止在未经相应授权的情况下让其他人使用该布图设计的权利。

2. 使用属于几个布图设计作者或其他权利持有人的权利的程序由他们之间的协议确定。

3. 未经作者授权实施以下行为属于侵犯作者的专有权：

（1）通过将布图设计整合到集成电路中或采用其他方式全部或部分复制布图设计，但非原创的部分除外；

（2）应用、进口、供货、销售和其他把布图设计或含此布图设计的集成电路引入流通的行为。

4. 法律规定了不侵犯布图设计所有者专有权的行为清单。

第 1015 条　布图设计的登记

1. 集成电路布图设计的作者或其他权利人有权通过向授权的国家机构提交注册申请来登记布图设计。

2. 如果符合条件，登记申请可以在首次使用布图设计之日起不超过两年的期限内提交。

3. 布图设计登记的程序以及对其全部或部分权利的转让协议由立法规定。

第 1016 条　布图设计专有权的有效期

1. 布图设计专用权自布图设计登记之日起有效期为十年。

如果布图设计尚未登记，则指定的十年期限从该布图设计或具有该布图设计的集成电路在世界任何国家/地区首次记录的使用日期开始计算。

2. 出现由其他作者独立创作出相同的具有独创性的布图设计时，不会中断，也不会终止本条第 1 款规定的专有权期限。

第 55 章　保护未公开信息免于非法使用的权利

第 1017 条　未公开信息的法律保护条件

1. 合法拥有技术、组织或商业信息的人，包括第三方未知的生产秘密（专有技术）（未披露的信息），如果符合本法第 126 条第 1 款规定的条件，有权保护这些信息不被非法使用。

2. 无论这些信息是否办理了相关手续（注册、获得证书等），都应保护未公开的信息免受非法使用。

3. 未公开信息的保护规则不适用于根据立法法案不能构成官方或商业秘密（法人，财产权和与之交易的信息，以统计形式提交的信息等）的信息。

4. 只要符合本法典第 126 条第 1 款规定的条件，保护未公开信息的权利就是有效的。

第 1018 条　非法使用未公开信息的责任

1. 接收、传播未公开信息或无正当理由使用未公开信息的人，有义务赔偿合法拥有该信息的人因非法使用而造成的损失。

2. 如果非法使用未公开信息的人从无权传播信息的人那里获得信息（信息获取者不知道或不应该知道）（善意购买者），在善意购买者知道其为非法使用之后，未公开信息的合法拥有者有权要求他赔偿因非法使用未公开信息而造成的损失。

3. 合法持有未公开信息的人有权要求非法使用者立即停止使用。但是，考虑到善意获取未公开信息的人为其使用所花费的资金，法院可以根据付费独占许可的条款授权其进一步使用。

4. 独立且合法地收到构成未公开信息内容的信息的个人有权使用这些信息，而不需考虑相关未公开信息的持有者的权利，并且不对此负责。

第 1019 条　保护未公开信息免受非法使用的权利转让

1. 拥有未公开信息的人可根据许可合同（本法典第 966 条）将构成此信息内容的全部或部分信息转让给他人。

2. 被许可人有义务采取适当措施保护根据合同获得的信息的机密性，并有同许可人一样具有保护其不被第三方非法使用的权利。

除合同另有规定外，如果有关资料仍然未被披露，被许可人在许可合同终止后，仍有义务对信息保密。

第 56 章　民间商品和服务流通参与者的个性化标志

第 1020 条　企业名称权

1. 法人实体拥有在官方信笺抬头、印刷出版物、广告、招牌、招股说明书、发票、互联网资源、商品及其包装以及在其他必要情况下使用公司名称的专有权（本法第 38 条）。

2. 法人的企业名称经章程确立而得到确定。在被确定的企业名称下，法人包含在国家商业识别号码登记簿中。

3. 不能使用与已注册法人实体的名称相同的公司名称，这可能导致无法识别相关法人实体，并对其所生产的产品或提供的服务产生误导。

4. 如果一个法人的企业名称和其他法人或从事经营活动的商标（服务商标）相同或相似以致混淆，并且这样的相同或相似可以对消费者产生误导，则最早出现的将拥有个性化标志（公司名称，商标，服务标记）的优先权即拥有该个性化标志的专有权。这种个性化标志的持有人按照哈萨克斯坦共和国确定的立法规定的方式有权要求承认给予同种商品或者服务的商标（服务商标）的法律保护无效或者禁止其使用该企业名称。

第 1021 条　在商标中使用法人的企业名称

法人的企业名称可用于其所属的商标。

第 1022 条　商标权的效力

1. 在哈萨克斯坦共和国境内，作为法人实体在哈萨克斯坦共和国注册的企业商标，该法人实体对于其注册的商标享有专有权。

对于在外国注册或普遍承认的商标，在哈萨克斯坦共和国领土上的专有权在立法规定的情况下有效。

2. 企业名称权利的效力随着法人的清算和企业名称的变更而终止。

第 1023 条 企业名称权的处分

1. 除法人重组和处分整个企业的情况外，不允许处分和转让法人的企业名称权。

2. 公司名称权利人可以授权（许可）他人以合同规定的方式使用其名称。在这种情况下，许可协议应规定防止误导消费者的措施。

第 1024 条 商标受法律保护的条件

1. 商标的法律保护是在其注册或未注册的基础上根据哈萨克斯坦共和国加入的国际条约提供的。

商标（服务商标）是根据国际条约注册或未经注册保护的文字、图形、体积或其他名称，用于将一个人的商品或服务与他人的类似商品和服务区分开来。

如果一个法人或自然人从事商事活动的商标（服务标记）与另一法人的企业名称相同或相似以致混淆，并且由于此类标志相同或相似可能会误导消费者，则适用本法典第 1020 条第 4 款规定的条款。

2. 不得作为商标注册的名称，商标注册的程序，注册的终止和无效，以及对未注册的商标给了法律保护，应由商标法确定。

3. 商标权利由证书进行认证。

第 1025 条　商标使用权

1. 商标权人对其所拥有的商标享有专有使用权和处分权。

2. 商标的使用是指其进入流通的行为是指制造、使用、进口、储存、提供销售、销售商标或标有商标的商品、在招牌、广告、印刷品或其他商业文件中使用的行为。

第 1026 条　哈萨克斯坦共和国境内的商标的法律保护

在哈萨克斯坦共和国领土内，哈萨克斯坦共和国专利机构（组织）或国际组织根据哈萨克斯坦共和国签署的国际条约向其注册的商标提供法律保护。

第 1027 条　商标权的有效期

1. 商标的优先权应在收到专利机构（组织）申请之日后确定，但商标立法法案另有规定的除外。

2. 商标权自申请登记之日起十年内有效。根据商标权人在商标有效期最后一年向专利机关（组织）提出的申请，商标有效期可延长十年，可无限次延长。

第 1028 条　不使用商标的后果

商标连续三年无正当理由未使用的，经利害关系人申请，可以撤销其注册商标。

商标使用许可合同的达成被视为其对商标的使用。

第 1029 条　商标权的转让

1. 权利人可以根据协议将权属证书中指定的所有类别商品和服务的商标，全部或部分转让给他人。

2. 如果转让商标可能会导致对产品或其制造商产生误导，则不允许转让商标权。

3. 商标权的转让，包括合同转让或继承转让，必须在专利主管机关（机构）进行登记。

第 1030 条 商标使用权的许可

1. 商标权持有人可以根据许可合同（本法典第 966 条）将证书中指定的全部或部分商品和服务的商标使用权授予其他人。

2. 授权被许可人使用商标的许可合同必须包含以下条件：被许可人的商品或服务的质量不能低于许可人的商品或服务的质量，并且许可人有权监督该条件的实施情况。

3. 如果商标权终止，则许可协议终止。

4. 将商标权转让给他人并不意味着终止许可协议。

第 1031 条 转让商标权和许可合同的格式和登记

商标权转让合同或者许可合同必须以书面形式订立，并在专利主管部门（组织）进行登记。不遵守书面形式和注册要求将导致合同无效。

第 1032 条 侵犯商标权的责任

非法使用商标或与其相似以致混淆的标志的人必须停止侵害，并赔偿商标持有人所遭受的损失（本法典第 9 条）。

非法使用商标的人应当：

（1）销毁包含非法使用商标、商品原产地名称或与其相似以致混淆的商品、商品包装，但带有权利人本人所申请商标的货物除外。出于公共利益需要将此类商品引入流通的情况下，需要从商品及其包装上销毁非法使用的商标、商品原产地名称或与其相似导致混淆的名称。

（2）将履行工作职责或提供服务所附物质载体上的商标或与其相似以致混淆的标志移除，包括文件、广告、招牌。

第 1033 条 对商品原产地名称的法律保护条件

1. 商品原产地名称的法律保护是在其注册的基础上提供的，但法律另有规定的情况除外。

商品的原产地名称（指产地）是指用于指定商品的国家、地区、地貌或其他地理对象的名称，用于指代一种产品，其特殊性质完全或主要由该地理对象的自然条件或其他特征性因素决定，或由自然条件与这些因素共同决定的。

商品的原产地名称可以是地理对象的历史名称。

2. 对于也体现或包含地理对象的商品原产地名称，在哈萨克斯坦共和国一般用作某种类产品的名称，被普遍使用，而与其制造地无关。这样的原产地名称不应根据本条的规定为其法律保护的目的进行注册，然而这并不剥夺权利因不正当使用这种名称而受到侵犯的人以按照法律规定的其他方式保护自己的合法权利，包括根据不正当竞争规则。

3. 商品原产地名称的注册由专利机构（组织）进行。

在注册的基础上签发使用商品原产地名称的权利证书。

注册、颁发证书、无效和终止登记、证明的程序和条件由有关的商标、服务标记、商品原产地名称的立法法案确定。

第 1034 条 商品原产地名称的使用权

1. 商品原产地名称使用权人有权将这个名称放在货物、包装、广告、招股说明书和账簿上，以其他将其产品进入民事流转的方式使用。

2. 满足本法典第 1033 条第 1 款规定的商品原产地名称可由多人共同或独立注册在指定商品上。使用商品原产地名称的权利属于这些人中的每一个人。

3. 在首次注册之日不少于六个月前，与货物原产地注册名称相同或相似的地理标志的善意使用人在专利机构（组织）规定的期限内保留继续使用权，但自注册之日起不得少于七年。

4. 不允许出让商品原产地名称使用权和根据许可证授予他人使用权的其他特许交易。

第 1035 条　商品原产地名称的法律保护范围

1. 在哈萨克斯坦共和国，对位于共和国境内的商品原产地名称提供法律保护。

2. 如果名称在商品原产国注册，并且在哈萨克斯坦共和国按照本法典办理了名称登记，则在哈萨克斯坦共和国同样也对位于另一国的商品原产地名称提供法律保护。

第 1036 条　商品原产地名称使用权证书的有效期

商品原产地使用权证书自专利机构（组织）收到申请之日起，有效期为十年。

证书的有效期可以根据其所有者在证书有效期的最后一年内提出的申请延长十年，但须符合赋予名称使用权的条件。延长无次数限制。

第 1037 条　非法使用商品原产地名称的责任

1. 商品原产地名称使用权人,以及消费者权益保护组织可以要求非法使用者停止非法使用,并将非法使用的商品原产地名称或与之相似达到混淆程度的标志,从侵权商品、包装、货签和类似的标签上除去,将制造的名称图纸或与之相似达到混淆程度的标志销毁。如果无法去除商品的非法使用标记,则没收和销毁商品和(或)包装。

2. 商品原产地名称使用权人有权要求侵权人对该项损失承担赔偿责任(本法典第 9 条)。

# 第二章

# 乌兹别克斯坦共和国民法典知识产权编

　　乌兹别克斯坦共和国民法典有两个部分，第一部分于 1995 年 12 月 21 日颁布（№ 163-I），1997 年 3 月 1 日生效；第二部分于 1996 年 8 月 29 日颁布（№ 256-I）。共计 1199 条。第一部分包括三编：第一编总则；第二编所有权和其他物权；第三编债权（包括第一分编债总，第二分编合同总则）。第二部分包括四编：第三分编债的种类；第四编知识产权；第五编继承权；第六编国际私法规范适用于民事法律关系。其中第四编知识产权有 7 章 81 条（第 1031—1111 条）：第 59 章总则；第 60 章著作权；第 61 章邻接权；第 62 章工业产权（发明、实用新型、工业设计权）；第 63 章动植物新品种权；第 64 章保护非法使用未披露信息；第 65 章民事流转参加者、商品、工作和服务个性化手段［包括商号、商品商标（服务商标）、商品产地名称］。该文本是根据 2015 年 8 月 2 日修改（№ 257-I）的内容编译而成。

## 乌兹别克斯坦共和国民法典

第四编　知识产权（1031—1111，共 81 条）

第 59 章　一般规定（共 10 条）

第 1031 条　知识产权客体

属于知识产权客体的有：

（1）智力活动成果：

科学、文学和艺术作品；

表演、录音制品、有线和无线广播组织节目；

计算机软件和数据库；

发明、实用新型、外观设计；

育种成果；

未披露信息，包括生产秘密。

（2）民事流转参加者、商品、工作和服务的个性化标志：

公司名称；

商标（服务商标）；

商品原产地名称。

（3）在本法典或其他法律规定的情况下，智力活动的其他成果和民事流转参加者、商品、作品和服务个性化标志。

第 1032 条　知识产权客体的法律保护

知识产权客体的法律保护是由于其创造事实而产生或由于本法典或其他法律规定的情况下，授权的国家机构在本法典或其他法律规定的情况下提供法律保护而产生的。

对未公开信息给予法律保护的条件由法律规定。

第 1033 条　知识产权客体的个人非财产和财产权

智力活动成果的个人非财产和财产权属于其作者。

属于作者的个人非财产权独立于其财产权，在其智力活动成果财产权转让给他人的情况下，个人非财产权仍属于作者。

个性化标志财产权属于民事流转参加者、商品或者服务（以下称个性化标志）的个性化标志权利的拥有者。

署名权（被承认视为智力活动成果作者的权利）是个人的非财产权，只能属于其创造性工作创造了智力活动成果的人。

署名权不可剥夺和不可转让。

如果成果是由两个或两个以上的人共同创作的作品，他们被视为共同作者。对于个别的知识产权客体，法律可以限制共同作者的范围。

第 1034 条　知识产权客体专有权

智力活动结果或个性化标志的所有权人享有以任何形式和方式自行决定合法使用该知识产权客体的专有权利。

他人使用属于权利人拥有专有权的知识产权客体，必须经权利人同意。

知识产权客体专有权拥有者有权全部或者部分转让该权利给他人，许可他人使用知识产权客体和有权以不与本法典和其他法律的规则相抵触的其他方式处分该客体。

在本法典和其他法律规定的情况、限制和程序中，允许限制专有权，包括向他人提供使用知识产权客体的可能性、承认这些权利无效及其终止（撤销）。

专有权利限制的适用条件的前提是，这种限制不会对知识产权客体的正常使用造成不正当的损害，并且不会无故侵犯著作权人的合法利益。

第1035条 专有权转让

除本法或其他法律另有规定外，属于知识产权客体专有权利所有人的财产权，可以由权利人根据合同全部或者部分转让给他人，也可以通过继承和在法人—权利人重组的情况下进行转让。

财产权按照合同转让或者按照概括继承转让不导致作者权和其他不可剥夺和不可转让的专有权的转让或者限制。有关该权利的转让或者限制的合同条件无效。

按照合同转让的专有权应该在合同中确定。合同中没有规定作为转让的权利，视为未转让，除非另有证明。

许可合同规则适用于在合同有效期内给予他人有限时间的排他性权利的合同。

第1036条 许可合同

根据许可合同，对智力活动成果或个性化标志拥有专有权的一方（许可方）可以授予另一方（被许可方）使用相应知识产权客体的权利。

许可合同应当规定授予的权利、范围和使用期限。

许可合同被认为是有偿的。

许可合同可以规定授予被许可人：

知识产权客体的使用权，许可人保留其使用权和向他人发放许可证的权利（普通的非排他性许可证）；

知识产权客体使用权，许可人保留其使用权，但无权给他人颁发许可证（排他性许可）；

法律允许的其他许可种类。

除非许可协议中另有规定，否则许可被认为是普通许可（非排他性的）。

被许可人授予他人知识产权客体使用权的合同被认为是再许可合同。被许可人在许可合同有规定的情况下有权签订再许可合同。

除许可协议另有规定外，被许可人向许可人对分许可人的行为负责。

第 1037 条　智力活动成果创造和使用合同

作者按照智力活动成果创作和使用合同承担将来创作作品、发明或者其他智力活动成果的义务，并将该成果使用专有权授予不是其雇主的订购人。

本条第一部分规定的合同应当规定可能创造的智力活动成果的特点，以及其使用目的或者方式。

使作者将其未来的任何创造性的智力活动成果授权给任何人使用专有权的合同无效。

智力活动成果的创造和使用协议中，限制作者今后在一定种类或领域内创造智力活动成果的条款无效。

第 1038 条　专有权和所有权

智力活动成果或者个性化标志专有权独立于其上体现该成果或者个性化标志的物质客体的所有权。

第 1039 条　知识产权客体专有权有效期

知识产权客体专有权在本法典或者其他法律规定的期间内有效。

知识产权客体的个人非财产权永久有效。

在法律有规定时，知识产权客体专有权的效力可以由于在一定时间内未使用而终止。

第 1040 条　知识产权专有权保护方式

对知识产权客体的专有权保护按照本法典第 11 条规定的方式进行。保护专有权还可以：

没收侵犯专有权的物质客体和由于侵权创造的物质客体；

强制公布侵权行为以及被侵犯的权利的权属信息；

法律规定的其他方式。

如果违反关于智力活动成果和个性化标志的创造和使用的合同，则适用违反义务的一般责任规则。

第 60 章　著作权

第 1041 条　著作权的客体

著作权适用于创作活动产生的科学、文学和艺术作品，而不论作品的价值和用途，以及它的表现方式。

著作权适用于任何客观形式的已发表和未发表的作品：

书面形式（手稿、打字稿、录音作品等其他形式）；

口头形式（公开演讲、公开演出等其他类似形式）；

录音录像（机械、磁性、数码、光盘等）；

图形（插图、草图、绘画、规划图、平面图、动画、电视、视频、照片等）；

三维（雕塑、模特、模型等）；

其他形式。

著作权是表达形式的反映，不是思想、原则、方式、过程、程序、方法或间接的表达。

第 1042 条　著作权客体的种类

著作权客体包括：

文学作品（文学艺术、科技、学术、政论作品）；

戏剧和舞台剧作品；

有歌词或无歌词的音乐作品；

音乐剧作品；

舞蹈作品和哑剧作品；

音像作品；

绘画、雕塑、图形、设计和其他视觉艺术作品；

装饰实用艺术和舞台布景艺术作品；

建筑、城市建筑、园林建筑艺术作品；

摄影作品和类似摄影方式获得的作品；

地图、地质图和属于地理学、印刷术和其他科学的绘图、平面图、草图和造型图；

电子计算机的应用程序和操作程序的所有形式；

其他著作形式符合要求的，可适用于本法典第 1041 条规定。

第 1043 条　作品的组成部分、衍生作品和汇编作品是著作权的客体

著作权客体是指符合本法典第 1041 条规定要求的客体：

作品的部分包括名称可以独立使用；

衍生作品（科学、文学和艺术作品的翻译、加工、注释、摘要、评论、编排、改编和其他加工）；

汇编作品（百科全书、文学选集、数据库）及其他对于材料的

选择编排属于创作劳动成果的编辑作品；

派生作品和汇编作品的著作权受到保护，无论该作品是基于原作还是原作包含的作品都是著作权保护的对象。

第1044条　不是著作权客体的资料

著作权客体不包括：

官方文件（法律、决议等其他形式作品）及上述文件的官方译文；

官方的象征和标志（国旗、国徽、勋章、货币标志等）；

民间文学艺术作品；

具有信息性质的当日新闻报道或事实报道；

在技术手段的帮助下获得的用于制作某种作品的成果，而不是进行个人的创造性活动，直接旨在创造个人作品。

第1045条　官方文件、象征和标志的设计权利（俄罗斯第1264条）

官方文件、象征、标志的设计其著作权属于创作该设计的人。

官方文件、象征和标志的设计人有权公布该设计，但其指示制定的机构禁止公布的除外。在公布设计时，设计人有权指出自己的姓名。

如果设计已经由设计人公布或设计人已送交相应的机关，设计可以不经设计人的同意用于机构的官方文件中。

在根据相应设计制作官方文件、象征和标志时，可以按照制作官方文件、象征或标志的决定机构的意志对设计进行补充或修改。

设计经主管部门批准后，可以在不指出设计者姓名的情况下使用。

第 1046 条　作品的作者、著作权的产生、作者身份的推定

作品的作者是创作作品的公民。

科学、文学和艺术作品的著作权源于其创作的事实。对于著作权的产生和行使，不需要对作品进行登记或办理任何其他手续。

除非另有证明，作品或副本上注明为作者的人，应视为作者。

在匿名或化名发表作品时（除作者的化名不构成对其身份的怀疑的情况外），如没有不同情况的证据，作品上指出其名称的出版者被视为作者的代理人并有权以代理人资格维护作者的权利和保障作者权利的行使。在作品的作者公开自己的身份并主张自己的作者身份权之前，适用这一规定 。

第 1047 条　合作作品

作品是由两人或两人以上共同劳动创造的，其著作权属于共同创作者，无论作品是不可分割的整体还是可以独立利用彼此分离的各个组成部分。

作品的一部分如果可以脱离其他部分而独立使用，则这部分作品具有独立意义。

每位合作作者均有权根据自己的意志使用该作品中自己创作的具有独立意义的部分，但合作作者之间的协议另有规定的除外。

合作作者之间的关系通常由合同确定，如果没有合同的情况下，作品的著作权属于每一位合作作者，稿酬均分。

如果合作作者的作品是不可分的整体，如果没有充分依据，每位合作作者都无权禁止作品的使用。

第 1048 条 衍生作品的著作权

衍生作品的作者对由其加工处理的科学、文学和艺术作品享有著作权。

行使衍生作品的著作权必须在遵循原作品作者的权利的基础上进行。

衍生作品作者的著作权不得阻碍其他人对已经实现基本处理的作品进行重新改编。

第 1049 条 组织作品创作者的权利

组织创作作品的人（音像作品的制作人，百科全书的出版商、制作人等）不被承认为相应作品的作者。但是，在本法典或其他法律规定的情况下，这些人拥有使用这些作品的专有权利。

音像作品的制作人有权在使用本作品时注明其姓名或名称或要求提供此类说明。

百科全书、百科字典、科学作品的定期和持续文集、报纸、杂志和其他期刊的出版者有权利用这些出版物。出版者有权在这些出版物被使用的任何场合署名或要求署名。除非作者的合同另有规定，否则这些出版物中作品的作者保留独占使用作品的权利，不管作品整体如何。

第 1050 条 著作权的保护标志

著作权人可以使用著作权保护标志来宣示其权利，该标志位于作品的每个副本上，由三个要素组成：

圆圈中的拉丁字母"C"；

著作权所有人的姓名（名称）；

作品首次发表的年份。

除非另有证明，否则著作权所有人是著作权保护标志中指定的人。

第 1051 条　作者的个人非财产权

作品的作者有以下个人非财产权：

被承认为作品作者的权利（著作权）。

使用或授权使用作者的真实姓名、假名或无名字的作品的权利，即匿名（署名权）。

包括撤回权在内的作品发表权或允许作品发表的权利。

保护作品的权利，包括保护作品不受任何歪曲或者能够给作品的创作者的名誉和尊严造成损失或其他侵害的可能性。

作者有权撤回此前发表的作品（撤回权），作者必须赔偿因撤回给作品的使用人造成的损失，包括利润损失。如果作品已经发表，作者必须公开通知其撤回，在这种情况下，他有权自己支付费用让此前已经制作完成的作品的复制品退出流通。撤回权不适用于官方作品，除非在与作者签订的合同中另有规定。

在出版、公开表演或其他作品的使用方式中，只有经作者允许才能对作品进行编辑或其他方面调整，以及对作品名称和作者姓名的指定。

未经作者同意，禁止对其作品加入图片、注释、后记、评论或任何解释。

人身非财产权只能为作品的作者享有。无论其财产权怎样，该权利在作品的专属权出让的情况下，该权利仍为作者享有。

作者和某人的协议关于拒绝行使人身非财产权的声明是无效的。

第 1052 条　删除

第 1053 条　删除

第 1054 条　删除

第 1055 条　删除

第 1056 条　作者的财产权

作者拥有以任何形式和任何方式使用作品的权利。

法人和自然人，除本法和其他法律规定的情况外，只能在与著作权人或其他被授权人达成协议的情况下使用作品，包括与集体管理产权的组织达成协议或者在其缺席的情况下，根据与其履行的职能和责任相近的组织达成协议。

作者使用作品的专有权意味着有权进行或允许采取以下措施：

复制作品（复制权）；

通过出售或其他所有权转让（传播权）传播作品的原件或副本；

将作品展示给公众（向公众公开的权利）；

出租作品的原件或复制品（出租权）；

为传播目的进口作品或其复制品，包括经著作权持有人许可制作的复制品（进口权）；

通过有线（电缆）传输或借助于其他设施的方式（通过电缆进行传播的权利）将作品传达给公众；

整编、改编或以其他方式处理作品（改编权）；

公开展示作品（展览权）；

公开表演作品（表演权）；

通过无线通信向公众传达作品（无线播放权）；

翻译作品（翻译权）；

如果这种传播是由其他组织进行的，而不是由最初的组织进行的，则作品将二次传播给公众（向公众重新传播信息的权利）；

作者有权对其作品的任何一种使用方式收取报酬（报酬权）；

如果作品的文本通过出售或其他权利转让进入了民事流转，那么作品继续传播无须取得作者同意，也无须向作者支付报酬；

作品被视为使用，不论其是否用于产生收入的目的，还是有其他的用途；

构成作品内容的规定（发明、其他技术、经济、组织和类似决定）的实际应用不被视为著作权意义上的作品使用。

第 1057 条　作品使用权的处置被排除在外

第 1058 条　著作权限制

只有在本法典第 1059—1062 条或其他法律规定的情况下，才允许限制作者和其他人使用作品的专有权利。这些限制适用，不会给作品的正常使用带来无法弥补的损失，也不会无端损害作者的合法利益。

第 1059 条　未经作者同意因个人目的复制的作品不支付报酬

未经作者或其他权利持有人的同意，因个人目的复制的作品不支付报酬，但法律另有规定的情况除外。

本条第一部分的规则不适用于以下方面：

以建筑物和构筑物的形式复制建筑作品；

复制数据库或其实质部分；

复制电子计算机程序，但法律规定的情况除外；

书籍（全套）和音乐文本的复印。

第 1060 条　自由公开演奏音乐作品

允许在官方庆典和宗教庆典以及葬礼上公开演奏这些作品，无须经过作者的同意，也无须向作者支付报酬，演奏的范围也应以仪式庆典的音乐为限。

第 1061 条　为进行侦讯、事先调查、行政和司法调查目的而使用的作品

未经作者或其他权利人同意和允许再进行的侦讯、事先调查、行政和司法调查中无偿使用作品。

第 1062 条　职务作品的著作权

作者对在执行公务或职务任务（服务工作）过程中创作的作品的个人非财产权归该作品的作者所有。

使用职务作品的专有权属于雇主，但雇主与作者之间的合同另有规定的除外。

职务作品的每一种使用方式的报酬数额及其支付方式由作者和雇主之间的合同确定。在作品公布十年后，经雇主同意，作者有权使用作品并获得报酬，无论雇主和作者之间的合同如何。

作者以非职务目的所确定的方式使用职务作品的权利不受限制。

雇主在使用职务作品时可以指明其姓名或名称或要求指出其姓名或名称。

本法第 1049 条第三部分规定的百科全书、百科辞典、期刊和科学著作续集、报纸、杂志和其他期刊在执行公务过程中的创作，不

适用本条规定。

第 1063 条　著作权的适用范围

著作权的适用范围适用于乌兹别克斯坦共和国公民或在乌兹别克斯坦共和国境内有永久居住地的作者或其他著作权所有者的作品。

属于乌兹别克斯坦共和国公民或在乌兹别克斯坦共和国境内有永久居住地的居民的作品第一次在乌兹别克斯坦共和国境内发表。不论其作者是乌兹别克斯坦共和国公民还是永久居住的居民。

依照乌兹别克斯坦共和国国际条约在乌兹别克斯坦共和国受保护的作品。

如果作品在乌兹别克斯坦共和国境外初次发表后 30 日内又在乌兹别克斯坦共和国境内发表，作品亦视为在乌兹别克斯坦共和国首次发表。

当依照乌兹别克斯坦共和国签署的国际条约在乌兹别克斯坦共和国境内向作品提出保护时，作品的作者或其他原始权利持有人依照成为著作权取得根据的法律事实发生地国家的法律确定 。

第 1064 条　删除

第 1065 条　著作权的有效期

除作者在本法典及其他法律规定的情况外，著作权的效力期为作者的有生之年以及他逝世五十年后均有效。

共同作者创作的作品的版权在共同作者的有生之年以及最后一位合作作者逝世后的五十年后均有效。

以化名或匿名方式合法出版的作品的版权有效期为颁布后五十年。如果在规定期限内，化名或匿名发表作品的作者公开自己的身份或其身份最后确定无疑，则适用本条第一款的规定。

作者逝世后首次发表的作品的著作权在其问世后五十年内有效。

著作权，作者的名誉权以及荣誉权都受到无限期保护。

依照乌兹别克斯坦共和国签署的国际条约的规定，向作品提供保护时，著作权在乌兹别克斯坦共和国境内的版权效力期限不得超过原创国确定的著作权效力期限。

本条规定的期限从法律事实发生次年的 1 月 1 日开始计算，这是期限开始的基础。

第 1066 条　作品转变为公共财产

著作权的效力期限届满，作品即成为社会财富。

任何人都可以自由使用公有领域的作品而无须向作者支付报酬。同时，必须遵守作者人身的非财产权利。

第 1067 条　著作权合同

根据本法典第 1056 条第三部分规定的财产权，除本法典和其他法律规定的情况外，只有与作者签订合同，著作权才能由权利人转让给他人。

作者的财产权可以根据作者的专有权转让合同或作者关于转让非专有权的合同进行。

著作合同关于排他性权利转让的协议允许以某种方式和条约规定的范围内仅向转让这些权利的人使用该作品。

以非排他性权利转让的著作权合同，允许使用者与专有权人、转让人和（或）以其他方式获得授权的其他人平等地使用该作品。

著作合同转让的权利被视为非排他性的，除非合同另有明文规定。

作品的著作权与作品的物质客体的所有权无关。

转让物质客体的所有权或拥有物质客体的权利本身并不意味着将任何作品的著作权进行转让。

第 1068 条 著作合同的条款

著作合同规定：

使用作品的方式（根据本合同转让的特定权利）；

报酬的数额和（或）确定每种使用方法的报酬金额，程序和付款条件的程序以及时间；

著作合同可以规定双方认为必要的其他条件；

如果著作合同中未包含作品使用权转让期限的条款，则作者可以在合同签订之日起五年后终止该合同，前提是协议终止前六个月，书面通知合同相对人；

如果著作合同中没有规定使用该作品权利的领土的条款，则根据合同转让权利的效力仅限于乌兹别克斯坦共和国的领土；

著作权转让协议未明确规定的作品使用权视为未转让；

著作合同的主题不能用于合同签订时未知的作品；

报酬在著作合同中以使用作品的相应方式的收入百分比的形式确定，或者如果由于作品的性质或使用的特殊性而无法做到这一点，则以确定金额的形式在合同中确定或以其他方式确定，该报酬的最低数额由乌兹别克斯坦共和国内阁确定；

如果在著作权合同关于出版或其他使用作品的方式中，报酬是以固定金额的形式确定的，那么合同必须规定作品的最大发行量；

根据作者合同转让的权利，只有在合同明确规定的情况下，才可以全部或部分转让给他人；

著作权合同的条件限制作者在未来创作这个主题或这个领域的作品的，则视为无效；

著作合同的条款与本法典或其他法律的要求相抵触，视为无效。

第 1069 条  著作合同的形式

除法律规定的情况外，著作的合同必须以书面形式缔结。

第 1070 条  著作合同的责任

不履行或不适当履行著作合同义务的一方有责任赔偿给另一方造成的损失，包括利润损失。

第 1071 条  删除

第 1072 条  未经约定而滥用作品的责任排除在外

第 1073 条  著作权关系的法律规制

著作权关系受本法和其他法律规定调整。

第 61 章  邻接权

第 1074 条  邻接权的客体

邻接权的客体包括表演，录音制品，无线或有线广播组织的转播节目。

第 1075 条  邻接权的主体

邻接权的主体是表演者，录音制品制作者，无线或有线广播组织。

邻接权的产生和行使，不需要就邻接权的客体进行登记或办理其他手续。

除本法和其他法律规定的情况外，包括通过有线或无线的方式进行广播和传播的法人和个人，可以使用无线或有线广播的作品、表演、录音制品，但需要根据与著作权所有者或其他授权人的协议。广播和传播必须尊重作者、表演者、录音录像制作者和其他著作权给持有人的广播权、通信权，知悉权。

第 1076 条 邻接权的法律保护标志

录音制品和（或）录音制品表演专有权的持有者，有权在每份录音制品的原件或复制品上以及在录音制品的外盒上使用邻接权的保护标志：

圆圈中的拉丁字母"p"；

专属领接权权利人的名称；

录音作品首次公之于众的年份。

除非另有证明，录音制品的制作者是指在该录音制品上标明其姓名或名称的法人实体或个人。

第 1077 条 表演者的权利

表演者拥有以下权利：

姓名权；

保护演出免受任何歪曲或是能够给表演者名誉和尊严造成损失的其他权利；

以任何形式使用演出的专属权，其中包括有权对每次使用收取报酬。

表演者使用表演的专属权意味着可以实施或允许采取以下行为：

重现表演的权利（复制权）；

演出的原件或复制品通过出售或其他所有权形式转让（传播的权利）；

将演出记录公之于世（公开发表的权利）；

在表演者同意后传播表演的原件或复制品，并且不论原件和复制品（租赁权）的所有权如何；

录制先前未录制的表演（录制权）；

如果初次进行录制不是为商业目的，则可采用无线或有线的方式有权传播表演的录音（广播或有线播放表演录音的权利）；

如果表演记录的复制品通过出售或其他所有权转让合法进入民间流通，则他们的进一步传播可以在未经表演者同意并且无须支付报酬的情况下进行；

表演录音制品的复制品，通过出售或者其他所有权转让的方式合法进入民间流通的，可以不经表演者同意，不向表演者支付报酬，继续发行；

演出人员为完成公务或用人单位的任务而进行的演出，适用本法典第 1062 条。

第 1078 条　录音作品制作人的权利

根据本法典和其他法律的规定，录音作品的制作人拥有使用此录音作品的专属权。

录音作品的制作人使用录音作品的专属权意味着有权执行或授权以下行为：

复制录音作品（复制权）；

通过出售或以其他方式转让发行权来发行录音制品的原件或副

本（发行权）；

将录音作品公之于众；

在录音作品发行后，经过录音制作人自己实施或同意出租录音作品的原件或复印件（租赁权）；

为传播目的进口录音作品或其复制品，包括经权利持有人许可制作的复制品；

录音作品的有线或无线的转播（传播权）；

改编或其他方式加工录音作品（改编权）；

录音作品的制作人有权对每种使用方式收取报酬；

如果合法发表的录音作品的原件或复制品在国家境内通过出售或其他转让行为转让已发行录音制品的复制品，通过出售或者其他所有权转让的方式合法进入民间流通的，可不经录音制品制作者同意，不向其支付报酬，继续发行。

本条第二部分规定的录音作品制作者的专有权可以根据合同转让给其他人。本法典第 1067、1068、1069 条的规定因此适用于这种合同。

录音制品制作者必须在尊重其所使用作品和表演的作者权利的同时行使自己的权利。

录音制品被视为已使用，无论其是否用于赚取利益，或者用于其他目的。

第 1079 条　无线或有线广播电视组织的权利

根据本法典和其他法律的规定，有线或无线广播组织的节目享有专属权。

有线或无线广播组织的节目专属权意味着有权执行或授权以下行为：

节目的复制（复制权）；

通过出售或以其他所有权转让的方式转让广播节目原件或复制品进行传播；

将广播节目向公众公开的权利；

广播节目的录制（录制权）；

在收费入场的场合向公众传播并要对公众进行收费才能观看或收听（中继权）；

转播（转播权）；

通过电缆向公众传输或传输广播（通过电缆或广播进行通信的权利）；

无线或有线广播组织有权从每一份转播中获得报酬。

本条第二部分规定的无线或有线广播电视组织的专有权可以根据协议转让给其他人。本法典第 1067、1068、1069 条的规定因此适用于这种合同。

无线或有线广播电视组织必须在尊重所使用作品和表演的作者权利的同时行使自己的权利。

无线或有线广播电视组织作品被视为已使用，无论其是否用于赚取利益，或者有其他目的。

第 1080 条　删除

第 1081 条　删除

第 62 章　发明 实用新型 外观设计

第 1082 条　发明、实用新型、外观设计受法律的保护

发明、实用新型、外观设计的权利受专利权的保护。

乌兹别克斯坦共和国知识产权局对产生专利权的发明、实用新型、外观设计的要求及其颁发程序由法律规定。

第 1083 条　使用发明、实用新型、外观设计权

该专利持有人可以使用发明、实用新型、外观设计的专属权，包括利用技术解决方案生产产品的权利，在其生产中使用该专利技术，销售或提供包含受保护的技术解决方案的待售产品，进口相关产品。

其他人，未经专利持有人允许，无权使用发明、实用新型、外观设计。除本法典或其他法律不违反专利权人的权利的情况除外。

第 1084 条　专利权的处分

资格专利法，由专利提供的登记、所有权和专利权，可以全部或部分转让给他人。

专利权需登记后方才产生效力，专利权和专利产生的权利可全部或部分转让给他人。

第 1085 作者身份权

发明、实用新型或者外观设计的作者对发明、实用新型或者工业品外观设计享有署名权和指定名称的权利。

发明、实用新型、外观设计的署名权和其他个人权利是基于专利权的产生而产生的。

对于发明、实用新型、外观设计，法律可以确定其特殊权利、

优惠和社会财富。

如果没有相反证明，专利申请书中作为作者指出的人，视为作者。

第 1086 条　发明、实用新型或外观设计的共同作者

发明、实用新型或者外观设计的共同作者的关系由双方协议确定。

对发明、实用新型、外观设计（技术、组织或数学方面的协助、权利登记方面的协助等）的非创造性协助不是共同作者。

第 1087 条　发明、实用新型、外观设计

如果合同中规定工作人员因履行劳动职责或雇主布置的具体任务而完成的发明、实用新型或外观设计的专利权属于雇主，从其规定。

向工作人员支付其发明、实用新型、外观设计的报酬数额，给付条件和程序应由工作人员与雇主协议确定。如有争议，则由法院确定。如果不能衡量工作人员和雇主对发明、实用新型或外观设计的贡献，则工作人员有权从雇主那里收到或本应收到一半的利益。

第 1088 条　转让专利权合同的形式

专利权转让合同（关于专利转让）必须以书面形式完成，必须向乌兹别克斯坦共和国知识产权局登记。不遵守书面形式或登记要求会导致合同无效。

第 1089 条　发明、实用新型、外观设计的使用许可（许可证）的形式

许可协议和再许可协议应以书面形式签订，并应在乌兹别克斯坦共和国知识产权局登记。不遵守书面形式或登记要求将导致合同无效。

第 1090 条 专利侵权责任

应专利权人的请求，专利侵权行为必须终止，侵权人必须赔偿专利权人由此遭受的损失。专利权人有权向侵权人追偿其因侵权而获得的收入，而不是赔偿损失。

第 63 章 关于植物新品种和动物新品种的权利

第 1091 条 植物新品种和动物新品种的权利保护

植物新品种和动物新品种（育种成果）的权利受专利权保护。

法律规定了获得专利权的要求以及颁发育种成果专利的程序。

本法第 1084 条至第 1090 条的规定适用于与育种成果权利和保护以及和这些权利有关的关系，除本章规则和法律另有规定外。

第 1092 条 育种成果的育种人的报酬权

育种成果的作者，不是专利持有人的，在专利有效期内，有权获得专利持有人使用育种成果的报酬。

育种人获得报酬的条件和方式由育种人和专利持有人之间订立的合同确定。

第 1093 条 专利权人的权利

育种成果的专利权人享有在法律规定的范围内使用该成果的专有权。

第 1094 条 专利持有人的义务

育种成果专利权人有义务在专利有效期内保护相应的植物品种

或相应的动物品种，以使其注册时拟定的品种或品种说明书中注明的特征得以保存。

第 64 章　保护未公开信息免遭非法使用

第 1095 条　保护未公开信息的权利

任何人合法掌握技术的、组织的或是商业的信息，其中包括生产秘密（know-how）和不为第三人所知的信息（未公开信息），如果符合本法典第 98 条规定的，则有权保护这些信息免于非法使用。

无论是否履行了与该信息相关的任何手续（注册、获得证书等），保护未公开信息免遭非法使用的权利都会产生。

未公开信息保护规定不适用于依法不能构成官方秘密或商业秘密的信息（法人、财产权及其交易的信息，须经国家登记、应予披露的信息）。

根据本法典第 98 条的规定，只要保护条件存在，对未公开信息保护的权利就是有效的。

第 1096 条　非法使用未公开信息的责任

如果非法使用未公开信息的人从无权处分信息的人处得到的信息，信息获取者不知道也不应该知道这一信息的为善意取得者。当善意取得者知道自己使用的是未公开信息之后，未公开信息的合法拥有者有权要求他赔偿因使用未公开信息而造成的损失。

合法持有未公开信息的人有权要求非法使用者立即停止使用。但是，考虑到善意获取未公开信息的人为其使用所花费的资金，法院可以根据付费许可的条款授权其进一步使用。

独立且合法地收到未公开信息的个人有权使用这些信息，而不管相关未公开信息的所有者的权利如何，均对此不承担任何责任。

第 1097 条　保护未公开的信息免遭非法使用

拥有未公开信息的人可以根据许可协议将构成该信息内容的全部或部分转让给他人。

被许可人有义务采取适当的措施保护根据合同获得的信息的机密性，并且有权保护它免受第三方作为许可人的非法使用。由于合同没有另行规定，因此即使在许可协议终止后，如果相关信息仍然是未公开的信息，那么维护信息机密性的义务仍在于被许可人。

第 65 章　民事流转、商品、工作和服务的个性化标志

1. 商号

第 1098 条　企业名称权

法人享有运用商业名称在商品、包装、广告、招牌、简介、产品目录、票据、印刷出版物、官方的形式和相关活动的其他文件，以及在乌兹别克斯坦共和国境内的商品展览会和交易会使用商业名称的权利。

商业名称的法人在设立文件时标明其商业名称，商业名称的权利自法人国家注册之日起产生。

法人名称与已注册的公司名称相似，以至于无法识别各自的法人实体，则不能注册。

第 1099 条　在商标中使用法人实体的公司名称

法人实体的公司名称可用于其商标。

第 1100 条　企业名称权的效力

在乌兹别克斯坦共和国注册的企业名称其法人享有专有权。

对于在外国注册或普遍承认的名称，其专有权在乌兹别克斯坦共和国领土的法律规定的情况下运作有效。

企业名称权随着法律实体的清算或公司名称的变更而终止。

第 1101 条　企业名称权的转让

只有在法人实体重组和企业整体转让的情况下，才允许改变和转让法人的名称权。

公司名称权持有人可授权他人使用其名称（签发许可证）。但是，在这种情况下，许可协议应规定排除误导消费者的措施。

2. 商标（服务商标）

第 1102 条　商标的法律保护

商标（服务商标）的法律保护是在其注册的基础上提供的。

商标权由商标（服务商标）注册证书证明。

第 1103 条　商标的使用权和不可侵犯性

商标权持有人拥有使用和处置属于他的标志的专有权。商标权持有人拥有对商标进行变更和补充的专有权。

任何按照法律规定的程序将商标引入流通的行为均被视为商标的使用。

在发表、公开表演或以其他方式使用商标时，只有在获得商标权所有人同意的情况下，才允许对商标本身及其名称进行更改。

商标不可侵犯权属于商标权的所有者。

第 1104 条　不使用商标的后果

商标连续五年无正当理由未使用的，经利害关系人申请，可以撤销其注册。

颁发使用商标的许可被视为其使用。

第 1105 条　商标权的转让

商标权证书中指定类别的商品、作品和服务的，商标可由权利人根据协议全部或部分转让给他人。

如果商标权的转让会使社会公众对产品或其制造商产生误解，则不允许转让商标权。

商标权的转让，包括根据合同或继承方式进行的转让，必须在乌兹别克斯坦共和国知识产权局进行国家登记。

第 1106 条　商标转让权的合同方式

关于转让商标权或授予许可的合同均应以书面形式签订，并在乌兹别克斯坦共和国知识产权局进行登记。

不遵守书面形式和登记要求会导致合同无效。

第 1107 条　侵犯商标权的责任

非法使用商标的人必须停止违法行为，并赔偿对商标持有人造成的损失。

非法使用商标的侵权人必须销毁商标图像，将产品或其包装中非法使用的商标或与其相似的名称从商标或包装中移除。

如果与本条第二款的要求不符，则销毁相应的货物。

3. 商品原产地名称

第 1108 条　商品原产地名称的法律保护

产品的原产地名称是用于标志产品的国家、集散地、地方或其他地理名称，其特殊性质完全或主要是由该地理特征的自然条件决定的，以及相应物或其他因素或自然条件与这些因素的组合的条件决定的。

商品的原产地名称可以是地理客体的历史名称。

商品原产地名称的注册由乌兹别克斯坦共和国知识产权局进行。

在登记的基础上，签发使用原产地名称的权利证书。

法律规定了注册、颁发证书、无效和终止注册的程序和条件。

第 1109 条　商品原产地名称使用的权利

有权使用原产地名称的人有权将该名称放在产品、包装、广告、招股说明书和发票上，并使用不同的方式将该产品引入民间流通。

符合本法典第 1108 条第一、二、三部分规定的产品，产品原产地名称可以由多人联合或独立注册。使用原产地名称的权利属于每个人。

不允许以向他人转让或提供使用权的方式处分商品产地名称的专用权。

第 1110 条　原产地名称的法律保护范围

在乌兹别克斯坦共和国，对位于乌兹别克斯坦共和国境内的货物提供原产地名称的法律保护。

如果原产地名称在商品原产国以及乌兹别克斯坦共和国知识产权局注册，则根据本法，位于另一国家的原产地名称在乌兹别克斯坦共和国受法律保护。

第 1111 条　非法使用商品产地名称的责任

有权使用商品原产地名称的人以及消费者保护组织可以要求非法使用该名称的人终止其使用，删除商品、商品包装、信笺和其他文件中非法使用的名称或与之混淆的名称，销毁该名称或与之相混淆的图像，如无法删除，则销毁商品和（或）包装。

有权使用货物原产地名称的人有权要求侵权人对该损失承担赔偿。

# 第三章

# 土库曼斯坦民法典知识产权编

土库曼斯坦民法典于 1998 年 7 月 17 日颁布（№ 294-I），2012年 12 月 22 日修改，由五部分组成：第一部分总则；第二部分物（财产）权；第三部分债权；第四部分知识产权；第五部分继承权。共计 1260 条。其中第四部分知识产权包括五编：第一编总则；第二编专有权；第三编许可合同；第四编财产权集体管理；第五编知识产权保护。共计 17 条（第 1052 条—第 1069 条）。该文本是根据2012 年 12 月 22 日修改的内容编译而成。

**土库曼斯坦民法典**

第四部分　知识产权

第一编　一般规定

第 1052 条　知识产权法的客体

1. 智力活动成果和个性化手段属于知识产权法的客体。

2. 属于智力活动成果的有：科学、文学和艺术作品；计算机软件；数据库；表演；录音、视听作品；有线或者无线广播；发明；实用新型；外观设计；育种成果；集成电路布图设计；生产秘密；土库曼斯坦法律和国际条约规定的其他智力活动成果。

3. 下列属于法人、产品、工作或服务的个性化标志：商业名称；商品商标和服务商标；商品原产地名称；商业标志；土库曼斯坦法律规定其个性化标志。

第 1053 条　知识产权

知识产权是指智力活动成果以及个性化标志的权利。知识产权包括专有权，这是一种财产权，在土库曼斯坦立法规定的情况下，还包括个人非财产权和其他权利。

第 1054 条　知识产权和所有权

1. 知识产权独立于体现相应智力活动成果或者个性化标志的物质载体（物）的所有权。

2. 物的所有权转移并不导致体现在该物上的智力活动成果或者个性化标志知识产权的转移或者授予，但土库曼斯坦法律有规定的除外。

第 1055 条　智力活动成果创作者

1. 以创造性劳动创造了该成果的人被认为是智力活动成果的创作者。

没有为该智力活动成果进行个人创造性贡献以及执行监督完成相应工作的人不被承认是智力活动成果的创作者，包括只给予创作者技术、咨询、组织、物质帮助或者只协助办理该成果注册或者其运用。

2. 作者权属于智力活动成果的创作者，在本法典规定的情况下，署名权和其他个人非财产权也属于创作者。

作者的著作权、署名权和其他个人非财产权不可剥夺和不可转让，不得放弃这些权利。

对作者身份权和署名权的保护是无期限的。作者死后可以由其委托的任何利害关系人保护作者的身份权、署名权和死后作品的不可侵犯性，除非作者指定了遗嘱执行人。

3. 以创造性劳动创造的智力活动成果专有权最初产生于作者。这个权利可以由作者按照合同转移给第三人，以及按照法律规定的其他理由转移给其他人。

4. 两个或者两个以上的人以创造性劳动共同创作的智力活动成果，其权利属于共同作者。

第二编　专有权

第 1056 条　专有权

1. 对智力活动成果或个性化标志拥有专有权的个人或法人有权自行决定以任何方式使用此智力活动成果或个性化标志。除非土库曼斯坦法律另有规定。

智力活动成果或个性化标志的著作权人可以自行决定授权或禁止他人使用智力活动成果或者个性化标志。

没有禁止不视为同意（许可）。

未经著作权人同意，其他人不得使用相应的智力活动成果或个性化标志，但土库曼斯坦法律规定的情况除外。使用智力活动成果或个性化标志（包括以土库曼斯坦法律规定的方式使用），如果未经权利持有人同意而使用，则属于非法使用，应承担法律规定的责任。土库曼斯坦法律允许未经著作权所有人同意而使用智力活动成果或个性化标志的情况除外。

2. 智力活动成果或个性化标志的专有权可以属于一个人或几个人共同拥有。

3. 在智力活动成果或者个性化标志专有权属于几个人共有时，如果本法典或者权利人之间的协议没有另外规定，每个权利人可以自行决定使用该成果或者个性化标志。专有权属于共有人的相互关系由他们之间的协议规定。

第 1057 条　专有权有效期

1. 智力活动成果和个性化标志专有权在土库曼斯坦法律规定一定期限内有效。

2. 智力活动成果和个性化标志专有权有效期的长短，期限届满前该专有权计算程序由土库曼斯坦法律规定。

第 1058 条　在土库曼斯坦领土上专有权和其他知识产权的效力

1. 土库曼斯坦法律和国际条约规定的智力活动成果和个性化标志专有权在土库曼斯坦领土内有效。

2. 根据土库曼斯坦国际条约，在确认智力活动成果或者个性化标志专有权时，其权利、效力、限制、实施程序和保护由土库曼斯坦法律规定，独立于专有权产生国家法律的规定，但土库曼斯坦法律另有规定的除外。

第 1059 条　智力活动成果和个性化标志的国家注册

1. 在土库曼斯坦法律有规定的情况下，智力活动成果或者个性化标志专有权在国家注册条件下被承认和保护。

2. 如果智力活动成果或个性化标志根据土库曼斯坦的法律需要进行国家登记，则根据协议转让智力活动成果或这种个性化标志的专有权，质押权利或根据协议授予使用该成果或该标志的权利需要进行国家登记，同样，无协议处分智力活动成果和个性化标志的排他性权利也需经过国家登记，其程序和条件由土库曼斯坦法律规定。

3. 智力活动成果或者个性化标志专有权按照继承转让，继承权证明是国家注册的基础，本法典 1281 条规定的情况除外。

4. 在土库曼斯坦法律规定的情况下，智力活动成果国家注册可以按照权利人的意愿实施。在此情况下，本条第二和第三部分的规则适用于注册的智力活动成果和该成果的权利。

第 1060 条　专有权处分

1. 权利人可以以不与法律和该专有权的实质相抵触的任何方式处分属于他的智力活动成果或者个性化标志，包括按照合同处分给他人（专有权出让合同）或者在合同（许可合同）规定的范围内授予相关智力活动成果或者个性化标志使用权给他人。

许可合同的签订不引起专有权本身转让给被许可人。

2. 智力活动成果或个性化标志，除本编另有规定和不源于专有权的内容或者特征的，包括专有权的处分、许可合同适用债和合同的一般规定。

3. 没有直接规定智力活动成果或者个性化标志全面转让的合同视为许可合同，对于智力活动成果使用权签订了专门创造或者列入复杂客体创造的合同除外。

4. 专有权转让合同或许可协议的条款中，限制其某个领域的创造性智力成果或者限制其转让给他人的条款无效。

5. 在签订智力活动成果或者个性化标志专有权担保合同时，如果合同没有另外规定，出质人未经质押权人同意有权在该合同有效期内使用该智力活动成果或者个性化标志，并处分该智能活动成果或者个性化标志专有权。

第 1061 条　没有合同将专有权转让给他人

在下列情况下，允许在未与权利持有人订立合同的情况下，将智力活动成果或个性化标志的专有权转让给他人：根据土库曼斯坦法律规定，包括普遍继承程序（继承、重组法人）以及对权利人财产的追索。

第三编　许可合同

第 1062 条　许可合同

1. 按照许可合同，一方当事人——智力活动成果或者个性化标志专有权拥有人（许可人）授予或者保证授予另一方当事人（被许可人）在合同规定的范围内该智力活动成果或者个性化标志使用权。

被许可人只能在授权的范围内以许可协议规定的方式使用智力活动成果或个性化标志。许可协议中未直接规定使用智力活动成果或个性化标志的权利的，不视为授予被许可人。

2. 许可合同规定的期限不能超过智力活动成果或者个性化标志专有权的有效期限。专有权终止即许可合同终止。

3. 许可合同应当规定合同标的和智力活动成果或者个性化标志的使用方式。

4. 许可合同可以规定：

（1）授予被许可人智力活动成果或者个性化标志使用权，为许可人保留给他人颁发许可证权利——普通（非专有）许可。

（2）授予被许可人智力活动成果或者个性化标志使用权，没有为许可人保留给他人颁发许可证权利——专有许可。

5. 如果许可合同没有另外规定，许可视为普通许可（非专有）。

第 1063 条　再许可合同

1. 在许可人书面同意时，被许可人可以按照合同将智力活动成果或者个性化标志使用权授予他人（再许可合同）。

2. 按照再许可合同，被再许可人只能在权利和为被许可人许可合同规定的使用方式范围内享有智力活动成果或者个性化标志使用权。

3. 含有超过许可合同有效期限的再许可合同视为包含许可合同有效期。

4. 如果许可合同没有另外规定，被许可人对许可人承担被再许可人行为的责任。

5. 本法典有关许可合同的规则适用于再许可合同。

第 1064 条　强制许可

在土库曼斯坦法律有规定的情况下，法院可以应利害关系人的请求判决授予该人智力活动成果使用权，其专有权属于他人（强制许可）。

第四编　财产权管理组织

第 1065 条　财产权管理组织

权利主体有权创建集体管理财产权的组织。创建此类组织的程序及其权利的限制由土库曼斯坦立法确定。

第五编　知识产权保护

第 1066 条　与知识产权保护相联系的纠纷

与被侵犯或者存在异议的知识产权保护相联系的纠纷由法院审理和裁决。

第 1067 条　知识产权保护

1. 知识产权保护方式由土库曼斯坦法律规定，并考虑侵权的实质和侵权的后果。

2. 本法典规定的知识产权保护方法可以按照权利人、集体管理组织以及土库曼斯坦法律规定的其他人的要求适用。

第 1068 条　专有权保护

1. 对智力活动成果和个性化标志的专有权保护，应通过以下方式进行：

（1）确认权利——指否认或以其他方式不承认权利，从而侵犯权利人利益的人；

（2）制止侵权或者制造侵权危险的行为，包括犯下或准备犯下此类行为的人；

（3）损害赔偿——未与权利人达成协议而滥用智力活动成果或个性化标志（无合同使用）或以其他方式侵犯其专有权并对其造成损害；

（4）没收主要用于实施侵犯专有权的物质载体、设备和资料——针对它的制造者、进口商、保管人、承运人、卖主、其他传播者、恶意购买者；

（5）发布侵权的法院判决并指明实际权利人——专有权侵权人。

2. 按照侵犯物质载体、设备和资料专有权案件的诉讼保全程序，对于案件提出智力活动成果或者个性化标志专有权侵犯的建议，并可以采取土库曼斯坦法律规定的保全措施，包括扣押物质载体、设备和材料。

3. 体现智力活动或者个性化标志物质载体在制造、推广或者其他使用，以及进口、运输或者保管时，导致该智力活动成果或者个性化标志专有权侵权，应将该物质载体视为假冒的，按照法院判决应当禁止流通并销毁，且没有任何补偿，但土库曼斯坦法律另有规定的除外。

4. 在某些情况下，如果侵犯智力活动成果或个人化标志的专有权被视为不公平竞争，对被侵犯的专有权的保护可以通过本法典规定的方式和土库曼斯坦其他法律规定的方式进行。

第 1069 条　国家对知识产权领域关系的规定

知识产权领域的关系管理由授权的国家知识产权机构执行。

# 第四章

## 塔吉克斯坦共和国民法典知识产权编

塔吉克斯坦共和国民法典分为三个部分，共七编。第一部分于1999 年 6 月 30 日颁布，2016 年 7 月 23 日修改，包括三编：第一编总则；第二编所有权、其他物权；第三编债权。第二部分于 1999 年12 月 11 日颁布，2012 年 7 月 3 日修改，只有一编：第四编债的种类。第三部分于 2005 年 3 月 1 日颁布，2012 年 7 月 3 日修改，包括三编：第五编知识产权；第六编继承权；第七编国际私法。该民法典共计 1234 条。其中第五编知识产权，只规定了知识产权总则，共计 14 条。该文本是根据 2012 年 7 月 3 日修改的内容编译而成。

**塔吉克斯坦共和国民法典**

第五编　知识产权

第 57 章　知识产权总则

第 1125 条　知识产权的概念

1. 知识产权是指与知识活动成果有关的个人财产权和非财产权，民事流转参加者的产品、工作或服务的个性化标志，以及其他相似的客体。

对于某个知识产权客体的财产和个人非财产权的内容、产生根据、实施和终止程序由本法典和其他法律规定。

2. 本法规定了知识产权的主要类型，并确定了有关财产和个人非财产的一般管理原则。

3. 本法的规定适用于知识产权关系，特别是关于义务和合同的规定，但法律另有规定且不遵循规范关系本质的除外。

第 1126 条　知识产权法的客体

（1）创造性智力活动成果：

科学、艺术和文学作品，包括计算机程序、电脑和数据库；

表演、录音、无线或者有线广播；

发明、实用新型、外观设计；

育种成果；

集成电路布图设计；

构成服务或者商业的秘密信息。

（2）民事流转参加者、商品、工作或者服务的个性化标志：

商业名称；

商品商标和服务商标；

商品原产地名称和原产地标志。

（3）根据塔吉克斯坦共和国承认的法律和国际条约保护的智力活动其他成果和个性化标志。

第 1127 条　知识产权的产生

知识产权相关客体的产生是由于它们的创造或使用行为、国家注册以及根据塔吉克斯坦共和国承认的法律或国际条约规定的其他事由而产生的。

第 1128 条　知识产权的内容

1. 知识产权所有人对智力活动成果或个性化标志拥有专有权，这些专有权受到法律保护。

2. 对智力活动成果或个人化标志的专有权包括个人非财产权和财产权，适用于特定知识产权客体的组成由法律规定，但须符合本法的规定。

3. 知识产权权利人的权利可能受到法律限制。此类限制不应损害知识产权的正常使用和侵犯作者的个人非财产权权利。

第 1129 条　知识产权和物质载体所有权

1. 知识产权不依赖于体现知识产权客体物质载体的所有权或者其他物权。

2. 智力活动成果或个性化标志的物质载体所有权的转移，其本身并不意味着对该物质载体所承载的相应知识产权客体的任何使用权的转移或授予，但法律另有规定的除外。

3. 权利人或任何其他人对承载知识产权客体的有形载体行使权利，不应侵犯对该知识产权拥有财产和个人非财产权利的人的权利和受法律保护的利益。

第 1130 条　个人非财产权

1. 著作权、姓名权等知识产权个人非财产权，依照本法等法律规定行使和保护。

2. 知识产权和相关法律规定的个人非财产权独立于财产权，不能转让给其他人和永久受保护。

3. 智力活动成果的创造者对其个人非财产权利的全部或部分放

弃是无效的。

4. 在法律规定的情形下，知识产权的个别个人非财产权可以承认属于法人。

第 1131 条　知识产权的财产权

1. 知识产权权利人有权自行决定以任何方式和任何形式行使、授权和禁止使用相应的知识产权客体，除非本法或其他法律另有规定。

2. 知识产权客体的产权可以由一人或多人共同拥有。在法律规定的情况下，同一知识产权客体的财产权可以由不同的人单独行使。

3. 多人共同拥有的知识产权客体其相互关系由他们之间的协议决定。在没有这种协议的情况下，行使知识产权的争议由法院判决。

第 1132 条　财产权有效期

1. 对某些类型的知识产权客体的产权有效期、计算程序、延长或恢复的事由和程序，以及提前终止该权利的事由和程序依据法律规定。

2. 财产权有效期届满以及在相应知识产权客体权利效力提前终止的情形下，转变为公共财产。

3. 除非法律另有规定且不侵犯他人的权利和受法律保护的利益，否则权利人可以决定提前终止其有效性并将相应的知识产权客体转变为公有财产。

第 1133 条　财产权转让

1. 知识产权客体财产权可以按照合同转让给其他人或者根据法律转让给他们。

2. 涉及知识产权客体产权转让的合同，应当采取书面形式或者其他法定形式。

3. 损害知识产权权利人地位的协议条款无效。

4. 法律可以对与知识产权标的物的产权转让有关的某些类型的合同以及与此类标的物的权利转让有关的其他情况进行国家登记。

第 1134 条　知识产权的职务客体

1. 法律没有另外规定或者雇员与雇主之间的合同没有规定，由于履行职责或者雇主的任务（知识产权职务客体），雇员创造的知识产权客体财产权属于雇主。

2. 知识产权的职务客体的个人非财产权和报酬权属于创造知识产权职务客体的雇员，报酬的数额、支付条件和程序由雇主和雇员之间的合同确定，法律另有规定的除外。

3. 在法律规定的情况下和程序中，本条第 1 款规定的权利可以转让给创造知识产权职务客体的雇员。

第 1135 条　对在执行政府合同（订单）期间创造的知识产权客体的权利

1. 根据国家合同（命令）为国家需要而创造的知识产权客体的产权属于塔吉克斯坦共和国，国家合同（命令）另有规定的除外。

2. 根据本条第一款规定，根据国家合同（命令）创造的知识产权对象的产权不属于塔吉克斯坦共和国的，应国家要求，权利所有人有义务为国家需要免费授予使用此类知识产权客体的权利。

3. 在本条规定的情况下，该成果的个人非财产权和被该成果财产权享有者支付报酬的权利属于创造性活动成果的创作者（作者），不是其财产权享有者。如果法律没有另外规定，报酬支付的数额、条件和程序由创作者和财产权享有者之间的合同确定。

第 1136 条　知识产权的行使

1. 知识产权由这些权利的所有者自行决定行使。在法律规定的情况下，知识产权权利人有义务使用相应的知识产权客体作为这些权利有效的条件。

2. 在实施知识产权时，不应当侵犯知识产权其他客体享有者的权利。

3. 知识产权客体财产权可以单独或者集体实施。

财产权集体管理的基本要求由法律规定。

第 1137 条　知识产权的保护

1. 本法典规定的知识产权保护实施方式，考虑侵权本质和后果。

2. 本法典规定的保护方式，按照权利人、财产权集体管理组织的要求以及塔吉克斯坦共和国法律规定的其他人的要求适用。

3. 侵权人无过错不能免除其停止侵犯知识产权的责任，并对其采取旨在保护此类权利的措施。独立于过错和违法者，公布实施的违法和侵权或者其侵权构成威胁的强制行为的法院裁决。

第 1137（1）条　知识产权保护方法

1. 在作者个人非财产权利受到侵害时，通过确认权利、恢复权利受到侵害前的状态、制止侵害权利或制止造成侵害的行为等方式进行保护，赔偿精神损害和法院公布侵权的法院判决以维护其权利。

2. 根据本法 174 条保护知识产权权利人的人格、尊严和商业信誉。

3. 在塔吉克斯坦共和国法律规定的情况下，其他人也可以使用个人非财产权保护方法。

4. 作者财产权用下列方法保护：

确权；

制止侵权或者制造侵权危险的行为；

赔偿损失；

没收用于实施侵权的材料和设备，以及由于侵权创造的设施；

发布实施侵权的法院判决；

塔吉克斯坦共和国法律规定的其他方法。

5. 在塔吉克斯坦共和国法律规定的情况下，权利人可以要求对侵犯这些权利的行为进行货币补偿，以换取由此造成的损害赔偿。赔偿金额由法院根据违法行为的性质和其他情况确定。

6. 当承载智力活动成果物质媒介的生产、流通或其他使用，以及进口、运输、装运、储存成为侵犯知识产权的原因时，除非塔吉克斯坦共和国法律另有规定，否则此类材料载体被认定为伪造品，法院可以命令将其从流通中移除并销毁，而无须赔偿。

7. 主要用于或旨在侵犯专有权的设备、其他设备和材料，根据法院命令，可停止流通并销毁，费用由违法者承担，除非塔吉克斯坦共和国法律规定对其进行没收有利于国家。

8. 为在涉嫌侵犯知识产权的材料媒体、设备、其他装置和材料的专有权利受到侵犯时提供证据，塔吉克斯坦共和国程序性立法规定的安全措施，包括对这些物体实施扣押。

# 第五章

# 吉尔吉斯共和国民法典知识产权编

　　吉尔吉斯共和国民法典分为两个部分，共七编。第一部分于1996年3月8日颁布（№ 16），2016年7月23日修改，包括三编：第一编总则；第二编所有权和其他物权；第三编债法（总则）。第二部分于1998年1月5日颁布，2007年7月31日修改，包括四编：第四编债的种类；第五编知识产权；第六编继承权；第七编国际私法规范适用于民事法律关系。共计1208条。其中第五编知识产权包括7章：第53章总则；第54章著作权；第55章邻接权；第56章工业产权（包括发明权、实用新型权、工业设计权）；第57章动植物新品种权；第58章保护非法使用未披露信息；第59章民事流转参加者、商品、工作和服务个性化手段［包括商号、商品商标（服务商标）、商品产地名称］共计181条。该文本是根据2016年7月23日修改的内容编译而成。

**吉尔吉斯共和国民法典**

第五编　知识产权

第53章　一般规定

第1037条　知识产权的客体

属于知识产权客体的有：

（1）智力活动成果：

科学、文学和艺术作品；

表演、广播组织节目；

计算机软件和数据库；

集成电路布图设计；

发明、实用新型、外观设计；

育种成果；

未披露信息（商业秘密），包括生产秘密。

（2）民事流转参加者、商品、工作和服务的个性化标志：

商业名称；

商品商标（服务商标）；

商品原产地名称。

（3）本法典或者其他法律规定的情况下，其他智力活动成果和民事流转参加者、商品、工作和服务的个性化标志。

第 1038 条 知识产权客体的法律保护

知识产权客体法律保护由于其创造事实而产生或者由于按照本法典或者其他法律规定的程序由授权的国家机关赋予法律保护。

第 1039 条 知识产权客体的个人非财产和财产权

1. 个人非财产和财产权属于智力活动成果的作者。

属于作者的个人非财产权独立于其财产权，在其智力活动成果财产权转让给他人的情况下仍被作者保留。

2. 民事流转参加者、商品或服务的个性化标志（以下简称个性化标志）的权利持有人对这些财产拥有所有权。

3. 作者权（被视为作者的智力活动成果权利）是个人非财产权和只属于用创造性劳动创造了智力创造活动成果的人。

4. 如果成果是两个或两个以上的人共同创造的，他们被视为共同作者。

第 1040 条　知识产权客体的专有权

1. 知识产权权利人对智力活动成果或个性化标志享有以任何形式、任何方式自行决定合法使用该知识产权客体的专有权利。

其他人使用其权利人拥有专有权的知识产权客体，必须经权利人同意后方可使用。

2. 知识产权客体专有权拥有者有权全部或者部分转让该权利给他人，许可他人使用知识产权客体和有权以不与本法典和其他法律的规则相抵触的其他方式处分该客体。

3. 限制专有权，包括允许他人使用知识产权客体，在本法典和其他法律规定的情况、范围和程序中，这些权利被宣布无效并终止（撤销）。对专有权的限制是允许的，条件是这种限制既不妨碍知识产权客体的正常使用也不损害权利人的合法利益。

第 1041 条　专有权转让给他人

1. 如果本法典或者其他法律没有另外规定，属于知识产权客体专有权拥有者的财产权可以由其权利人按照合同全部或者部分转让给他人，以及按照继承和按照法人——权利人改组时的程序移转。

2. 专有权按照合同转让或者按照概括继承转让不导致作者权和其他个人非财产权的转让或者限制。有关该权利的转让或者限制的合同条件无效。

按照合同转让的专有权应该在合同中确定。合同中没有规定作为转让的权利，视为未转让。

许可合同规则适用于在合同有效期内给予他人有限时间的排他性权利的合同。

第1042条　许可合同

1. 按照许可合同，拥有智力创造活动成果或者个性化标志的一方当事人（许可人）授权另一方当事人（被许可人）允许使用相关知识产权客体。

许可合同被认为是有偿的。

2. 许可合同可以规定授予被许可人：

知识产权客体使用权，许可人保留其使用权和给他人颁发许可证权利——（非专有许可）；

知识产权客体使用权，许可人保留部分使用权，没有转让给被许可人（专有许可）；

法律允许的其他许可种类。

如果许可合同中没有另外规定，许可被认为是非专有的。

3. 被许可人授予他人知识产权客体使用权的合同被认为是再许可合同。被许可人在许可合同有规定的情况下有权签订再许可合同。

如果许可合同没有另外规定，被许可人向许可人承担再被许可人行为的责任。

第1043条　智力活动成果创造和使用合同

1. 作者按照智力活动成果创造和使用合同承担将来创作发明或

者其他智力活动成果的义务，并将该成果使用专有权提供给不是其雇主的订购人。

本条第 1 款规定的合同应当确定可能创造的智力活动成果的特点，以及其使用目的或者方式。

2. 智力活动成果的创造和使用协议中，限制作者今后在一定种类或领域内创造智力活动成果的条款无效。

第 1044 条　专有权和所有权

智力活动成果或者个性化标志专有权独立于其上体现该成果或者个性化标志的物质客体的所有权。

第 1045 条　知识产权客体专有权有效期

1. 知识产权客体专有权在本法典或者其他法律规定的期间内有效。

2. 知识产权客体的个人非财产权永久有效。

3. 在法律规定的情况下，知识产权客体专有权的效力可能因一段时间内未使用而终止。

第 1046 条　知识产权客体专有权保护方式

1. 知识产权客体专有权保护以本法典第 11 条规定的方式实施。专有权保护实施还能以以下方式进行：

扣押侵犯专有权的客体，以及因侵犯专有权而创造的客体；

强制公布违法行为，包括有关谁拥有受侵犯权利的信息；

法律规定的其他方式。

2. 在违反智力活动成果和个性化标志创造和使用合同时，适用违反义务责任的一般规则。

第 54 章 著作权

第 1047 条 受著作权保护的作品 (著作权客体)

1. 著作权及于创作活动产生的科学、文学和艺术作品,不论其用途和品质,以及其表现形式。

2. 作品必须以口头、书面或其他能够被感知的客观形式表达。

作品,以书面或以其他方式标记在有形载体 (手稿,打字稿,乐谱,借助技术手段的记录,包括音频或录像资料形式,定影在平面或立体空间的形式等) 被认为具有客观形式,无论第三方是否感知到。

口头或其他未在物质载体上表达的作品如果可供第三方感知 (公开演讲、公开表演等),则被视为具有客观形式。

3. 著作权适用于已发表和未发表的作品。

4. 著作权不适用于思想、程序、方法、概念、定律、体系、解决方案、发现的客观存在的现象。

5. 对于著作权的产生,不要求作品登记或遵守任何其他官方形式。

第 1048 条 著作权客体的种类

著作权的客体包括:

文学作品 (文学、艺术、科学、教育、宣传等);

戏剧和剧本;

歌曲和纯音乐;

音乐剧和戏剧作品;

舞蹈作品和哑剧;

视听作品（电影，电视，录像片，幻灯片和其他电影、电视、录像产品）；

绘画作品，雕塑，图形，美术设计等作品；

装饰、应用和舞台艺术作品；

建筑、城市规划和景观园艺作品；

摄影作品和以类似于摄影的方式获得的作品；

地图，地质图，属于地理学、地形学和其他科学的其他地图、规划图、草图和造型作品；

各种电子计算机（电脑）的程序，包括应用程序和操作系统；

其他符合本法典第 1047 条规定要求的作品。

第 1049 条　部分作品，派生作品和汇编作品

1. 著作权的客体包括符合本法典第 1047 条规定的作品的部分、名称和派生作品。

派生作品是对作品再加工而产生的其他作品（翻译，改编，注释，摘要，概述，评论，改编的戏曲，改编的乐曲和其他类似的科学、文学、艺术作品）。

汇编作品是对作品汇编（百科全书、文选、数据库）以及体现了搜集和整理资料的创造性劳动成果的作品。

2. 派生作品和汇编作品受著作权保护，不论其所依据的作品或其所包含的作品是否是著作权的客体。

第 1050 条　不属于著作权客体的作品和类似活动成果

不是著作权的客体：

官方文件（法律、决议、决定等）及其官方译本；

官方象征物和标志（国旗、国徽、国歌、勋章、货币标志等）；

民间艺术作品；

当天新闻或具有常规新闻信息性质的时事报道。

第 1051 条 官方文件、符号和标志草案的有关权利

1. 官方文件、符号或标志草案的著作权属于创建作品的人（创作人员）。

官方文件、符号和标志作品的创作人员有权发布此类作品，除非作品开发机构禁止。在发布作品时，创作人员有权要求注明他们的名字。

2. 主管当局可在未经创作人员同意的情况下为准备官方文件而使用，条件是创作人员已将该项目公布或送交有关当局。在根据草案准备官方文件、符号和标志时，主管当局可酌情对其进行补充和修改。

作品经主管部门批准后，可以在不指定创作人员姓名的情况下使用。

第 1052 条 作品的作者和作者身份的推定

1. 作品的作者是以创造性劳动创作了作品的公民。

除非另有证明，否则以在作品首次出版时指明的人为其作者。

2. 作品以匿名或化名发表（除非作者的笔名没有让人怀疑其身份），在没有其他证据的情况下，作品上标明姓名或名称的出版商被视为作者的代理人，有权保护作者的权利并确保其得到实施。只要此类作品的作者未公开其身份且未声明其作者身份，此规定即有效。

第 1053 条　共同作者

1. 由两个或两个以上公民共同创作的作品，其著作权属于共同作者，无论该作品是组成一个不可分割的整体还是由多个部分组成。

如果作品的一部分可以独立于该作品的其他部分使用，则该部分被认为具有独立的含义。

各共同作者有权自行决定使用其创作的具有独立意义的部分作品，除非他们之间另有约定。

2. 共同作者之间的关系通常由其自行约定。在没有约定的情况下，作品的著作权由所有作者共同行使，报酬由他们平均分配。

如果合著者的作品形成一个不可分割的整体，则合著者均无权在没有充分理由的情况下禁止使用该作品。

第 1054 条　派生作品和汇编作品的作者

1. 派生作品和汇编作品的作者属于对其他作品加工的译者、汇编者以及在搜集和整理资料中呈现出创造性劳动成果的人。

派生作品和汇编作品的作者享有此类作品的著作权，但须尊重被用于整理、翻译或纳入汇编作品的作者的权利。

2. 派生作品和汇编作品的创作者的著作权不妨碍其他人根据以前使用的作品创作其派生作品。

第 1055 条　组织创作作品的人的权利

1. 组织创作作品的人（百科全书出版商、电影制片人、制作人等）不承认其作为相应作品的作者。但是，在本法典或其他法律规定的情况下，这些人拥有使用这些作品的专有权。

2. 百科全书、百科辞典、期刊、科学作品集、报纸、杂志和其他期刊的出版商拥有使用这些出版物的专有权。出版商有权在使用此类出版物时标明其名称或要求标明其名称。

3. 包含在该等出版物中作品的作者保留对其作品的专有使用权，无论该出版物作为一个整体如何，除非作品创作合同另有规定。

4. 签订创作视听作品的协议会导致该作品的作者向视听作品制作者转让复制、推广、公开演出的专有权利，包括通过有线向公众传播、广播或者其他视听作品的公开声明，以及制作字幕和配音视听作品文本的专有权，除非合同另有规定。这些权利在视听作品的著作权有效期内有效。

视听作品的制作人在使用其作品的过程中，有权标明其姓名或名称或要求其标明。

在视听作品公开展示的情况下，除非合同另有规定，音乐作品的作者保留其音乐作品公开表演获得报酬的权利。

未经电影的作者和其他财产权所有者的同意，不得毁坏电影的最后版本（原著、底片）。

第1056条 著作权的保护标志

1. 著作专有权的持有人可以使用著作权保护标志宣示他的权利，该标志放置在每个作品复制件上，并由三个要素组成：

在一个圆圈内的拉丁字母"C"；

专有权持有人的姓名（名称）；

该作品的首次公布年份。

2. 除非另有证明，著作权持有人是著作权保护标志中标示的人。

第1057条 作者的个人非财产权利

1. 作品的作者拥有以下个人非财产权：

著作权；

姓名权；

发表权，包括撤销权；

作品的不可侵犯权。

2. 作者与某人协议以及关于放弃行使个人非财产权利的声明无效。

第 1058 条 作者身份权

作者（合作者）在创作的作品身份权排除对其他人在此作品身份的承认。

第 1059 条 姓名权

作者拥有以自己的姓名、化名或匿名使用或授权使用作品的专有权利。

第 1060 条 作品的不可侵犯权

1. 作者对自己的作品拥有进行修改、补充和保护作品免受任何人在未经同意对其修改和补充的专有权（作品的不可侵犯权）。

作品的出版、公开表演或用作其他用途，对作品本身、作品名称和作者姓名的指定中做出任何修改，均应经作者同意。

在出版时未经作者同意，禁止添加插图、前言、后记、注释或任何附带材料。

2. 作者去世后保护作品的完整性，由遗嘱指定的人承担，没有指定时由作者的继承人承担，以及依照法律规定应承担著作权保护责任的人。

第 1061 条　作品发表权

1. 作者有权向不确定的人展示作品（发表权）。

2. 如果作者或经其同意，首次通过出版、公开表演、公开展示或以其他方式向特定的人展示作品，则认为该作品被发表。

作者有权撤回先前关于作品出版的决定（撤回权），前提是拥有作品使用权的人因该决定所造成的损害得到赔偿，包括利润损失。如果作品已公开，作者有义务公开其撤回通知。同时，作者有权禁止先前的作品副本流通。对于职务作品，本条款的规定不适用。

第 1062 条　作者的财产权

1. 作者对其作品享有以任何形式和方式使用作品的专有权利。

2. 下列被认为是使用作品：

（1）复制作品；

（2）传播作品的复制件；

（3）为传播目的进口作品的复制件，包括经著作权专有权持有者许可的复制件；

（4）公开展示作品；

（5）公开表演作品；

（6）通过广播或有线电视向公众传播作品；

（7）通过电缆、电线或其他类似方式向公众传播作品；

（8）翻译作品；

（9）作品的再加工（修改、改编或其他再加工）；

（10）将作品让任何人在任何地点、任何时间自由选择方式向公众公开；

（11）设计、建筑、城市规划和景观园艺项目的实际实施。被接受的建筑项目的作者有权要求客户授予参与其项目实施的权利，以制定建筑项目文件和建造建筑物或结构，除非另有规定合同。

重复给予作品客观形式是复制，尽管它是以原件为基础（出版作品，数次录音或录像等）。

作品的发行被视为销售、交换、出租或与作品副本有关的其他交易。

3. 如果作品的复制件被合法转让，则复制件的进一步传播无须征得作者同意也无须支付报酬，除非法律另有规定。

4. 无论其用途是否是为了获得收入，都应认为使用了该作品。

5. 构成作品内容的规定（发明、其他技术、经济、组织和类似解决方案）的实际应用并不构成对著作权意义上的作品的使用。

第 1063 条　作品使用权的处分

1. 作者或其他权利人可以根据协议，包括通过公开拍卖达成的协议，将作品的使用权转让给他人（使用权的转让）。

2. 作品的使用权按照普遍继承的顺序转移。

3. 权利人可以在一定范围内向他人发放使用该作品的许可证（许可证）。使用该作品需要许可，无论是原始版本还是修订版本，特别是翻译、改编等形式。

4. 使用作品的每种方式都需要权利人的特别许可。

第 1064 条　对著作权的限制

只有在本法典第 1065—1068 条或其他法律规定的情况下，才允许限制作者和其他人使用作品的专有权利。

这些限制的适用，对作品的正常使用不会造成不必要的损失，也不会损害作品作者的合法权益。

第 1065 条　为个人目的复制他人的作品

1. 为个人目的，没有征得作者同意，也未向其支付使用费，可以在不妨碍作品的正常使用，也不损害作者的合法权益的情况下使用别人已经发表的作品。

2. 本条第 1 款的规定不适用于：

复制以建筑物或者类似建筑物形式的建筑作品；

复制数据库或者其实质性部分；

复制计算机软件，但法律规定的情况除外；

对书（全部）和乐谱的翻印；

任何未经授权对作品全部内容的复制；

任何其他可能损害作品正常使用并不合理地损害作者的合法利益的复制品。

3. 作为本条第 1 款的例外，法律可以规定，在个人使用视听作品或录音制品中录制的作品的情况下，相应录音的作者、表演者和制作者有权获得相应的报酬。

复制使用而支付的费用由设备（音频设备、VCR 等）和材料载体［音频和（或）录像带、磁带、激光盘、CD 等］的制造商或进口商以提成（百分比）的形式支付。

第 1066 条　免费公开表演作品

允许在官方、宗教和葬礼仪式期间公开表演合法发表的音乐作品，只要这种仪式的性质有正当理由，无须作者同意，也无须支付相应费用。

第 1067 条　为司法目的免费复制作品

允许未经作者同意且无须支付报酬，在符合目的范围内为司法和行政诉讼目的复制作品。

第 1068 条　职务作品的权利

1. 执行职务时创作的作品（职务作品）的个人非财产权属于作品的作者。

2. 除非他与作者之间的合同另有规定，否则，在任务目的及其相应的范围内使用职务作品的权利属于按其创作作品的任务和与作者建立劳动关系的人（雇主）。雇主有权将此使用权转让给他人。

雇主与作者的协议可以规定向作者支付在服务中使用作品的报酬，并包含其他使用条件。

3. 自提交作品之日起十年后，经雇主同意，作者获得使用作品的全部权利并收取报酬，不受与雇主签订的合同的限制。

4. 作者以非受让目的方式使用职务作品的权利不受限制。

5. 本条规定不适用于用人单位为履行公务或工作任务而制作的百科全书、百科辞典、期刊。

第 1069 条　吉尔吉斯共和国境内著作权的效力

1. 在吉尔吉斯共和国境内发表或虽未发表，但原件在其领土上以任何客观形式存在的，作者及其继承人以及作者的其他权利继承人均享有著作权，不考虑其国籍。

2. 吉尔吉斯共和国公民的作品在外国境内发表或以某种客观形式存在，他以及他的继承人和其他权利继承人的著作权也得到承认。

3. 根据国际条约给予作者法律保护时，在外国境内发表的事实是根据有关国际条约的规定确定的。

为了保护吉尔吉斯共和国境内的作品，被承认为作品作者的人由作品首先获得保护的国家境内的法律确定。

第 1070 条　著作权效力的起始

1. 作品的著作权自作品具有第三方可感知的客观形式之日起生效，无论是否公开。口述作品的著作权自其传达给第三方之日起有效。

2. 如果作品不属于本法第 1069 条的范围，那么在吉尔吉斯共和国该作品的著作权应在作品发表之时受到保护。

第 1071 条　著作权的有效期

1. 作者的著作权在作者有生之年和作者去世之年的下一年的 1 月 1 日起 50 年内有效。

2. 以共同作者身份创作的作品的著作权在共同作者有生之年和其他共同作者最后幸存的作者去世后 50 年内有效。

3. 笔名或者匿名的作品的著作权有效期为首次发表之年的下一年的 1 月 1 日起 50 年内有效。

如果在规定期限内匿名或笔名的身份被披露，则适用本条第 1 款规定的期限。

4. 在本条第 1 款规定的期限内，著作权归作者的继承人所有并继承。在同一时期，著作权属于根据与作者、其继承人的协议而获得该权利的继承人。

5. 在作者死后五十年内首次发表的作品的著作权，自其发表之年的下一年的 1 月 1 日起 50 年内有效。

6. 对作者身份、作者姓名权和作品的不可侵犯性的保护没有期限。

第 1072 条 作品转为公有财产

1. 作品著作权期满后成为公有财产。在吉尔吉斯共和国领土上从未提供保护的作品被视为公有财产。

2. 任何人都可以免费使用属于公有财产的作品，无须支付费用。在这种情况下，必须尊重著作权、姓名权和作品不受侵犯的权利。

第 1073 条 著作权合同

1. 作者或其继承人可通过著作合同将其作品的使用权转让给他人。著作权合同拟议为有偿。

2. 著作权合同可以包括完成的作品和作者承诺创作的作品（订单合同），以及作者或者他的继承人们签订的准许其在一定范围内准许使用作品的合同（著作权的许可合同）。

第 1074 条 著作权合同的条款

1. 著作权合同应规定：

使用作品的方式（根据本协议转让的特定权利）；

权利被转移的期限和范围；

报酬的数额和（或）每种作品使用方式确定的报酬金额，以及付款方式和期限。

如果作者的协议中没有包含作品使用权转让期限的条款，则作者可以在协议签订之日起五年后终止该协议，前提是用户协议终止前六个月收到了书面通知。如果作者的合同没有指定使用作品的区域条件，根据协议转让权利的效力被限制在吉尔吉斯共和国的领土内。

2. 在合同订立时不为人知的作品使用权不能成为著作权合同的标的。

3. 作品使用的报酬金额由作者双方协议确定。

如果在著作合同中发行作品或以其他形式复制作品的费用是以固定金额确定的，那么合同必须确定作品的最大发行量。

根据吉尔吉斯共和国的法律，第3款已经失去了效力。

4. 只有在该合同直接规定的情况下，根据著作合同转让的权利可以由合同的任何一方全部或部分转让给其他人。

第1075条　著作合同的形式

著作合同必须以书面形式订立，法律规定的情况除外。

第1076条　因著作合同而承担的责任

未履行或不适当履行著作合同义务的一方有义务赔偿给另一方造成的损失，包括利润损失。

第1077条　著作许可合同的有效期

1. 著作许可合同在其确定的期限内有效，但不得超过著作权有效期。

2. 不论著作许可中是否包含期限的条款，只要自合同订立之日起十年届满后，作品的作者或者他的继承者在期限届满前六个月以书面形式通知对方，就有权单方面终止该条款。这种权利是每十年由作者或其继承人提出的。

3. 合同可以规定作品的使用条款，违反该条款的，著作权人有权解除合同。

第 1078 条　对无合同非法使用作品的责任

1. 在未与权利人达成协议的情况下使用作品时，违规者有义务赔偿权利人所遭受的损失，包括利润损失。权利人有权从侵权人那里获得因侵权而取得的收入而不是损失。

以著作协议未规定的方式使用作品，或在此协议终止时使用，应视为未经作者同意使用作品。

2. 被法院判决没收的盗版作品，除应著作权人要求将其转让给著作权人的情况外，应当予以销毁。

第 1079 条　著作关系的法律规定

著作关系由本法典和其他法律法规调整。

第 55 章　邻接权

第 1080 条　邻接权的客体

邻接权适用于表演（演出），录音制品，无线和有线广播组织的节目。

第 1081 条　邻接权主体

邻接权的主体是表演者，录音制品制作者，无线或有线广播组织。

第 1082 条　邻接权的保护标志

录音制品制作人和表演者可以使用邻接权的保护标志来宣示他们的权利，该标志放置在录音制品的每个复制件和（或）每个封闭的外盒上，并由三个要素组成：

圆圈中的拉丁字母"P";

邻接权专有权人的姓名（名称）;

该记录的首次公布年份。

第 1083 条　表演者权

1. 表演者拥有以下权利:

（1）表明他的名字（姓名权）;

（2）保护表演者不受任何歪曲或其他能够损害表演者荣誉和尊严的侵权方式的损害;

（3）以任何形式使用表演。

2. 使用表演的权利包括自己行使或授权以下行为:

（1）如果该节目传播以前没有通过无线传播或者不存在使用记录的，通过无线广播或有线电台向公众传播节目数据;

（2）记录以前未记录的表演;

（3）复制表演记录;

（4）如果这个记录产生最初不是用于商业目的，通过无线或者有线方式播放表演记录;

（5）出于商业目的而发行录音制品，其表演由参与表演者录制，在签订录音制品录制合同时，该权利转移给录音制品制作人，在这种情况下为表演者保留收取录音制品报酬的权利;

（6）用任何人都可以在任何地点和任何时间按自己的选择访问的方式向公众传播表演记录。

3. 表演者在遵守被表演作品作者权利的情况下行使其权利。

4. 法律规定了使用表演的权利限制。

5. 履行公共任务时（官方表演或场合）对表演的权利，适用本法典第 1068 条的规定。

第 1084 条　录音制品制作者的权利

1. 录音制品制作者对其录音制品享有以任何形式使用录音制品的专有权利。

2. 使用录音制品的专有权意味着有权实施或允许实施以下行为：

（1）复制录音制品；

（2）以任何方式更改或重新制作录音制品；

（3）发行录音制品的副本，即出售、出租；

（4）为发行目的进口录音制品的复制品，包括经本录音制品制作者许可制作的复制品；

（5）向公众传播录音制品，使任何人都可以在任何地点和任何他选择的时间使用录音制品（向公众传播的权利）。

3. 如果表演录音的复制品的所有权属于创作者以外的人，则该录音的专有使用权，包括其商业出租，应归录音创作者所有。

4. 法律规定对表演制作人权利的限制。

5. 录音制作者的所有权人在考虑到作品作者的权利和表演者的权利的情况下行使其权利。

第 1085 条　广播组织者权

1. 有线广播企业有权以任何形式使用它的广播节目和授权使用广播节目，包括获得授予这种许可报酬的权利。

准许使用广播节目的专有权意味着有线广播公司准许实施以下行为：

（1）公共信息通过有线广播节目同时传播给其他有线广播企业；

（2）用无线电转播节目；

（3）记录广播节目；

（4）复制广播节目；

（5）在收费的地方向公众传播节目。

2. 对广播公司权利的限制由法律规定。

3. 广播公司根据作品作者的权利和表演者的权利行使其权利，并在适当情况下，包括录音持有人和其他广播公司。

第 1086 条　有线广播组织的权利

有线广播组织的权利是根据本法典和法律规定的广播组织的权利确定的。

第 1087 条　未履行或不当履行关于利用邻接权的合同或没有合同非法使用作品的责任

没有履行或不当履行关于利用邻接权的合同或没有合同非法使用作品的人，根据不履行或不当履行合同责任的一般规则或者根据造成的损害承担责任。

第 56 章　工业产权（发明权，实用新型权，工业外观设计权）

第 1088 条　发明、实用新型、外观设计的法律保护

1. 发明、实用新型和外观设计受所授予专利权的保护。

2. 发明、实用新型、外观设计产生专利权的条件，专利局颁发的程序由法律规定。

第 1089 条　发明、实用新型、外观设计的使用权

1. 专利持有人拥有自行使用受专利保护的发明、实用新型、外

观设计的专有权，包括使用受保护的解决方案生产产品的权利，在他们自己的生产中使用受专利保护的技术，出售或许诺出售含有受保护的解决方案的产品，进口相关产品。

未经其同意，专利持有人以外的人无权使用发明、实用新型或外观设计，但这种使用按照本法典的规定或任何其他法律对专利持有人不构成侵权的除外。

2. 未经授权生产、应用、进口、许诺销售、销售、其他投入市场流通或以此目的存储的，其中含有已取得专利权的发明、实用新型或工业外观设计的产品，以及在发明中应用受专利保护的方法，或投入市场流通或以此目的储存，用受专利保护的方法直接制造的发明、设备，在运作或操作时按照其用途自动使用了专利方法，属于侵犯专利持有者的专利权。

该产品被认为是以取得专利的方式制造，直到另有证明。

第 1090 条　专利权处分

取得专利的权利、申请注册产生的权利、拥有专利的权利和专利产生的权利可以全部或部分转让给他人。

第 1091 条　作者地位权

1. 发明、实用新型、外观设计的作者对发明、实用新型、工业外观设计享有署名权和指定名称的权利。

发明、实用新型、外观设计的署名权和其他个人权利基于专利权利的产生而产生。

2. 对于发明、实用新型或外观设计的作者，法律可以规定其具有社会性质的特殊权利、福利和利益。

3. 在申请中指定为作者的人应该被视为作者，除非另有证明。只有在权利出现之前已经存在的事实和情况才能作为证据使用。

第 1092 条　发明、实用新型、外观设计的共同作者

发明、实用新型、外观设计的共同作者关系，由双方协议确定。

对发明、实用新型、外观设计的非创造性协助（技术、组织或协助、权利登记协助等）不被视为共同作者。

第 1093 条　职务发明，实用新型，工业外观设计

1. 职工在履行工作职责或雇主的具体任务而创造的发明（职务发明）、实用新型、外观设计的专利取得权属于雇主，除非他们之间有合同约定。

2. 因为职务发明、实用新型、工业外观设计向作者支付报酬的数额、条件和方式应由他与雇主之间的协议确定。如果未能达成协议，则由法院做出裁判。如果不能衡量作者和雇主对创造职务发明、实用新型或工业设计的贡献，则作者享有雇主已经收到或本应收到的一半利润的权利。

第 1094 条　专利权转让的合同形式

关于专利权转让合同（关于专利转让）必须以书面形式签署，并且必须在专利局进行登记。不遵守书面形式或登记要求会导致合同无效。

第 1095 条　发明、实用新型、工业外观设计使用的许可形式（许可证）

许可合同和再许可合同以书面形式签署，并在专利局进行登记。不遵守书面形式或登记要求会导致合同无效。

第 1096 条 专利侵权责任

根据专利权人的请求，应当停止侵权，侵权人有义务赔偿专利权人所遭受的损失。专利权人有权向侵权人追索因侵权而获得的收益来替代损害。

第 57 章 植物新品种和动物新品种的权利

第 1097 条 保护植物新品种权和动物新品种权

1. 植物新品种和动物新品种（育种成果）的权利受所授予的专利保护。

2. 获得专利权的条件和授予专利的程序由法律规定。

3. 除本章细则和法律另有规定外，本法典第 1090—1096 条的规定适用于与育种成就权相关的权利和这些权利的保护。

第 1098 条 育种成果的作者报酬权

育种成果的作者并非专利持有人的，有权在专利期限内从专利持有人处获得使用育种成果的报酬。

向育种成果作者支付报酬的数额和条件由使用人与作者签订的合同确定。

第 1099 条 专利持有人的权利

在法律规定的范围内使用育种成果的专有权属于专利持有人。

第 1100 条 专利持有人的义务

育种成果专利持有人必须在育种成就专利期限内保持适当的植物品种或相应的动物品种，以使在登记时做成的植物品种或动物品种描述中所指明的特征都被保留下来。

第 58 章　保护未公开信息免受非法使用

第 1101 条　保护未公开信息的权利

合法拥有技术、组织或商业信息，包括第三方未知的生产（专有技术）秘密（未披露的信息）的人员有权在符合本法典第 34 条规定的情况下，保护这些信息免受非法使用。

无论这些信息是否办理了相关手续（注册、获得证书等），都有权保护未公开的信息免受非法使用。

未公开信息的保护规则不适用于根据法律不能构成官方或商业机密的信息（关于法人、财产权和与其交易的信息，须经国家登记以国家统计报告形式提交的信息等）。

只要符合本法典第 34 条规定的条件，保护未公开信息的权利就是有效的。

第 1102 条　非法使用未公开信息的责任

1. 接收或传播未公开信息或在没有合法理由的情况下使用信息者有义务向该信息的合法拥有者赔偿因其非法使用所造成的损失。

如果非法使用未公开信息的人从无权传播信息的人那里获得信息，信息获取者不知道也不应该知道这一情况（善意购买者），在善意购买者知道其为非法使用之后，未公开信息的合法拥有者有权要求他赔偿因非法使用未公开信息而造成的损失。

2. 合法持有未公开信息的人有权要求非法使用该信息的人立即停止使用该信息。然而，法院考虑到善意购买者用于未公开的信息使用的资金，可准许其赔偿专用使用权许可费用的情况下继续使用。

3. 独立且合法地收到构成未公开信息内容的信息的个人有权使用这些信息，而不需要考虑相关未公开信息的持有者的权利，并且不对此负责。

第 1103 条　保护未公开信息免受非法使用的权利转让

拥有未公开信息的人可以根据许可合同将构成该信息内容的全部或部分信息转让给他人。

被许可人有义务采取适当措施保护根据合同获得的信息的机密性，并且有权保护它免受第三方和许可人的非法使用。除非合同另有约定，否则即使在许可协议终止后，如果相关信息仍然是未公开的信息，维护信息机密性的义务仍在于被许可人。

第 1103-1 条　企业名称

1. 公司名称是指其开展业务的法人实体的全称，并将其与另一法人实体区分开来。

2. 法人在民事流转中，以自己在设立文件中规定的并且在法人国家登记时载入国家统一法人、分支机构（代表处）国家登记簿的企业名称进行活动。

3. 法人的名称应当包含指明其法律组织形式和法人本身名称，法人名称不能只由表示活动类型的词语构成。

4. 法人必须拥有一个完整的企业名称，并有权使用一个缩写名称。

用吉尔吉斯共和国国家和官方语言表示法人的企业名称，应当符合仅包含吉尔吉斯共和国文和俄文字母的字母，以及英文和拉丁文字母的字母。

5. 法人实体的公司名称不能包括：

（1）与注册（重新注册）的法人、分公司（代表处）类似的全名或简称；

（2）基于性别，种族，语言，残疾，民族属性，宗教，年龄，政治或其他看法，教育，出身，财产或其他状况产生的，以及有失传统和淫秽话语的歧视因素。

国有企业的企业名称可以包含其归属于吉尔吉斯共和国的属性。

吉尔吉斯共和国的正式全称或简称以及该名称的衍生词纳入法人的名称，"国家"和"玛纳斯"这两个词的任何组合都可以按照吉尔吉斯共和国政府的规定使用。

第 59 章　民事货物、工程和服务流通的参与者的个性标志

§1. 企业名称

第 1104 条　企业名称的专有权

1. 法人有权以任何不违背法律的方式（企业名称专用权）使用其企业名称作为个性化标志，包括在招牌、表格、账簿、其他文件、货物或其包装，以及互联网上使用。

2. 不允许处分企业名称专有权（包括转让或者向他人提供企业名称使用权）。

3. 法人不得使用与原国家统一法人、分支机构（代表处）登记簿中的其他法人名称相似的法人名称。

第 1105 条　在商标或服务标记中使用法人实体的公司名称

权利人可以在属于他的商标和服务标记中使用企业名称或其个别元素。

被纳入商标或服务标记的企业名称因独立于商标或服务标记的保护而受到保护。

第 1106 条　企业名称的专有权效力

1. 在吉尔吉斯共和国境内，公司名称被列入统一的国家法人实体、分支机构（代表处）登记册。

2. 企业名称的专有权自法人注册之日起生效，并因法人活动终止或公司名称变更而终止。

第 1107 条　根据吉尔吉斯共和国 2013 年 7 月 23 日的第 173 号法律失去效力（见旧版）

§2. 商标（服务标记）

第 1108 条　商标的法律保护

1. 商标（服务标记）的法律保护是根据其注册的基础授予的。

2. 商标权由证书认证。

第 1109 条　商标使用权

1. 商标权人对属于他的商标享有专有的使用和处分权。

2. 商标的使用被视为以法律规定的任何方式进入流通。

第 1110 条　不使用商标的后果

1. 商标注册后任何连续三年未使用该商标的，法院可以根据任何人的请求做出判决，对全部或部分商品提前终止商标注册。

当解决商标由于不使用而提前终止的问题时，可以考虑商标持有人提供的由于无法控制的情况而未使用商标的证据，包括国家对商标注册的商品施加限制的证据。

2. 颁发使用商标的许可证被视为使用商标。

第 1111 条　商标权的转让

1. 证书中规定的各类商品、制品和服务的商标权或其部分可以由权利人根据协议转让给他人。

如果商标权转让会导致对产品或其制造商的误导，则不允许转让商标权。

2. 商标权的转让，包括根据合同或继承权进行的转让，应当在专利局进行登记。

第 1112 条　商标权转让合同的形式

转让商标权或授予许可证的合同必须以书面形式签订并在专利局登记。

不遵守书面形式和登记要求会导致合同无效。

第 1113 条　侵犯商标权的责任

非法使用商标的人必须停止侵权行为，并赔偿商标持有人所遭受的损失。

非法使用商标的人有义务销毁制造的商标图案，将非法使用的商标或与其相似导致混淆的标记从商品或包装中移除。

如果不能遵守本条第 2 款规定的要求，则相应的货物将被销毁。

除了要求停止侵权或获得损害赔偿之外，商标持有人有权要求公布法院裁判以恢复商业信誉。

§3. 商品原产地名称

第 1114 条　对商品原产地名称的法律保护

1. 商品原产地名称因注册而受法律保护。

2. 商品的原产地名称是指用于指定商品的国家、地区、地貌或其他地理对象的名称，其特殊性质完全或主要由该地理对象的自然条件或其他特征或自然条件或这些因素的组合所确定。

商品的原产地名称可以是地理对象的历史名称。

3. 对于尽管也体现或包含了地理对象的名称，但在吉尔吉斯共和国已经被认为与其生产地无关的特定种类商品的标志却被公众使用，不视其为商品原产地名称。根据本条规定，不得为了其受法律保护的目的而进行注册，但是，这不会剥夺因非法使用这样的名称而受到侵犯的人的权利，也可能通过法律规定的其他方式得以保护。

4. 商品原产地名称的注册由专利局进行。

5. 在登记的基础上，颁发原产地名称使用权证书。

6. 注册，颁发证书，无效和终止登记和证明的程序和条件由法律规定。

第 1115 条　使用商品原产地名称的权利

1. 商品原产地名称使用权人有权将这个名称放在货物、包装、广告、招股说明书和账簿上，以及采用其他方式使其产品进入民事流通。

2. 满足本法典第 1114 条第 1 款和第 2 款规定的商品原产地名称可由多人共同或独立注册在指定商品上。使用商品原产地名称的权利属于这些人中的每一个人。

3. 不允许出让商品原产地名称使用权和根据许可证授予他使用权的其他特许交易。

第 1116 条　商品原产地名称的法律保护范围

1. 吉尔吉斯共和国对位于吉尔吉斯共和国境内的商品原产地名

称提供法律保护。

2. 如果名称在商品原产国注册，以及吉尔吉斯共和国专利部门根据本法典办理了名称登记，则在吉尔吉斯共和国同样也对位于另一国的商品原产地名称提供法律保护。

第 1117 条　非法使用商品原产地名称的责任

1. 商品原产地名称使用权人，以及消费者权益保护组织可以要求非法使用者停止使用，并将非法使用的商品原产地名称或与之相似达到混淆程度的标志，从侵权商品、包装、货签和类似的标签上除去，将制造的名称图纸或与之相似达到混淆程度的标志销毁。如果这是不可能的，则扣押和销毁商品和（或）包装。

2. 商品原产地名称使用权人有权要求侵权人对该项损失承担赔偿责任。

3. 除要求停止侵权行为或要求赔偿所造成的损害外，商品原产地名称使用权人有权要求公布法院裁决以恢复商业信誉。

# 第六章

# 白俄罗斯共和国民法典知识产权编

白俄罗斯共和国民法典于 1998 年 10 月 1 日由主席团通过，于 2016 年 1 月 5 日修改，共有五编：第一编总则；第二编所有权和其他物权；第三编债权总则；第四编债的种类；第五编知识产权。共计 1153 条。其中第五编知识产权共有 8 章，共计 51 条。包括第 60 章一般规定；第 61 章著作权和邻接权；第 62 章工业产权的一般规定；第 63 章发明、实用新型和外观设计权；第 64 章动植物品种权；第 65 章集成电路布图设计权；第 66 章保护生产秘密（技术诀窍）免于非法使用权；第 67 章民事流转参与者、商品、工作、服务的个性化手段；第 68 章不正当竞争。该文本是根据 2016 年 1 月 5 日修改的内容编译而成。

**白俄罗斯共和国民法典**

第五编　知识产权

第 60 章　一般规定

第 979 条　知识产权法律

知识产权法律由本法典和其他法律文件组成。

第 980 条　知识产权客体：

（1）智力活动成果：

科学、文学和艺术作品；

表演、录音制品和广播组织节目；

发明、实用新型和外观设计；

育种成果；

集成电路布图设计；

生产秘密。

（2）民事流转参加者、商品、作品或者服务的个性化标志：

商业名称；

商品商标和服务商标；

地理标志。

（3）在本法典和其他法律文件规定的情况下，其他智力活动成果和民事流转参加者、商品、作品或服务的个性化标志。

第981条　知识产权客体权利产生的基础

知识产权客体法律保护基于创造事实或者根据本法典和其他法律文件规定的程序由国家机关赋予法律保护。

商业秘密法律保护的赋予由本法典和其他法律文件规定。

第982条　知识产权个人非财产权和财产权

1. 智力活动成果的个人非财产权和财产权属于智力活动成果的作者。

智力活动成果的财产权属于录音制品制作者和广播组织者。

独立于财产权的个人非财产权属于作者，在智力活动成果财产权转让给他人的情况下仍然享有。

2. 对于这些个性化标志的财产权属于民事流转参加者、商品、作品或者服务个性化标志（以下简称为个性化标志）权利的持有人。

3. 作者身份权（被智力活动成果作者承认的权利）是个人非财产权，且只属于以创造性劳动创造了智力活动成果的人。

如果成果是两个或者两个以上的人共同创造的，被认为是合作作者。对于知识产权单独客体法律可以限制视为作品整体合作作者的人的范围。

第 983 条　知识产权客体的专有权

1. 智力活动成果〔生产秘密（专有技术）除外〕或个性化标志的权利持有者享有以任何形式和自行决定合法使用该知识产权客体的专有权。

其他人使用其权利人拥有专有权的知识产权客体，必须经权利人同意后方可使用。

2. 知识产权客体专有权持有人有权将这个权利全部或者部分转让给他人，许可他人使用知识产权客体和有权以不与本法典和其他法律文件的规定相抵触的其他方式处分。

3. 专有权的限制，包括授权他人使用知识产权客体。在本法典或其他法律规定的情况、范围和程序中，专有权被宣布无效并终止（撤销）。对专有权的限制是允许的，条件是这种限制不得损害知识产权客体的正常使用，也不得不合理地损害权利人的合法利益。

第 984 条　专有权移转

1. 如果本法典和其他法律没有另外规定，知识产权客体财产权属于专有权持有人，权利人可以按照合同将财产权全部或者部分移转他人，以及根据继承人和法人（权利人）改组时权利继受程序移转。

财产权按照合同移转，或者按照概括继承程序移转，作者署名权和其他个人非财产权不发生移转或者受限制。移转或者限制该类权利的合同条款无效。

2. 按照合同移转的专有权应当在合同中指明。没有在合同中指明被转让的权利推定为没有移转，但有相反证据的除外。

3. 如果法律没有另外规定，许可合同规则（第 985 条）适用于规定在专有权有效期内、在限定时间内向他人提供专有权的合同。

专有权转让合同规则［第 984（1）条］适用于专有权所有有效期内完全转让给他人的合同。

第 984（1）条　排他性转让合同。

1. 根据专有权转让协议，是指一方（权利人）将其对智力活动成果或民事流转参与者的个性化标志、商品、作品或服务的专有权全部转让给另一方。

2. 专有权转让协议必须载有关于报酬数额或确定程序的条件，或者直接表明本协议的无偿性。

3. 专有权转让合同以书面形式签订，在法律文件规定的情况下应当登记。违反书面形式或者登记要求的，会导致合同无效。

4. 如果合同没有另外规定，智力活动成果或者民事流转参加者、商品、作品或者服务个性化标志专有权从专有权转让合同签订时，由权利人转让给另一方当事人。智力活动成果或者民事流转参加者、商品、工作或者服务个性化标志专有权按照法律文件登记的专有权转让合同，由权利人转让给另一方当事人。

第 985 条　许可合同

1. 按照许可合同，拥有使用知识产权客体专有权的当事人（许可人），许可另一方当事人（被许可人）使用相应知识产权客体。

如果法律文件没有另外规定，商业组织之间不允许无偿赋予使用知识产权客体的权利。

在法律有规定的情况下许可合同和许可合同变更应依照其程序在专利机关登记。

2. 许可合同可以规定赋予被许可人：

（1）知识产权客体使用权，同时保留给许可人自己的使用权和向他人颁发许可的权利（普通的、非排他性许可）；

（2）知识产权客体使用权，保留给许可人自己的使用权但无权给他人颁发许可（排他性许可）；

（3）法律文件允许的其他形式的许可。

如果在许可合同中没有另外规定，许可被认为是普通许可（非排他性许可）。

3. 被许可人在许可合同规定的范围赋予他人知识产权客体使用权合同，被认为是再许可合同。在许可合同有规定的情形下，被许可人有权签订再许可合同。

如果许可合同没有另外规定，被许可人向许可人承担再被许可人行为的责任。

第 986 条　智力成果创作和使用合同

1. 作者可以根据合同承担在未来创作作品、发明或其他智力活动成果的责任，并向非其雇主的客户提供使用该成果的专有权。

2. 本条第 1 款规定的合同必须确定所创造的智力活动成果的性质，以及其使用目的或方法。

3. 使作者承担授予任何人将来该作者创作的任何智力活动成果使用专有权的合同无效。

4. 限制作者在将来创作特定种类或者特定领域的智力活动成果的合同条款无效。

第 987 条　专有权和所有权

智力活动成果或者个性化标志专有权独立于其中体现该成果或者个性化标志的物质客体所有权。

第 988 条　专有权的期限

1. 知识产权客体专有权在本法典或者其他法律规定的期限内有效。

法律可以规定该期限延长的可能。

2. 对知识产权客体的个人非财产权的保护无期限。

3. 在法律规定的情况下，专有权的效力可以因一定期限内不使用而终止。

第 989 条　专有权保护方法

1. 专有权保护以本法典第 11 条规定的方法实施。专有权保护可以通过以下方法实施：

（1）没收侵犯专有权的物质客体和因侵权创造的物质客体；

（2）强制发布侵权情况，其中包括被侵犯的权利属于谁的信息；

（3）法律规定的其他方法。

2. 在违反智力创造活动成果和个性化手段使用合同时适用违反义务的一般规则（第 25 章）。

第 61 章　著作权和邻接权

第 990 条　调整对象

本法典以及根据本法典通过的著作权法、邻接权法和其他法律文件调整与创作和使用科学、文学、艺术作品（著作权），表演、录音制品、无线或有线广播（邻接权）相关产生的关系。

第 991 条　著作权的效力范围

1. 根据本法典和其他法律文件，著作权及于下列以任何客观形式存在的科学、文学和艺术作品：

（1）在白俄罗斯共和国境内，不论作者和他的权利继受人的国籍为何；

（2）在白俄罗斯共和国境外，且其作者和他的权利继受人为白俄罗斯共和国公民；

（3）在白俄罗斯共和国境外，且根据白俄罗斯共和国签署的国际条约承认其他国家的公民和他的权利继受人为作者。

2. 如果在白俄罗斯共和国境外首次发表之日起 30 天内又在白俄罗斯共和国境内发表，则该作品被视为在白俄罗斯共和国首次发表。

3. 依照白俄罗斯共和国签署的国际条约，在白俄罗斯共和国境内向作品提供保护时，作品的著作权人依照作为著作权取得依据的行为或事件发生地的国家法律确定。

第 992 条　著作权的客体

1. 著作权及于创作活动产生的科学、文学和艺术作品成果，不论其用途和价值以及表现方式。

2. 著作权及于以任何客观形式存在的已发表和未发表的作品：

（1）书面作品（手稿、打字稿、乐谱等）；

（2）口述作品（公开演讲、公开演出等）；

（3）录音或录像（机械的、磁带的、数码的、激光的等）；

（4）图像（绘画、素描、图片、地图、平面图、图纸、电影、电视、视频、照片等）；

（5）立体的（雕塑、模型、布局、结构等）；

（6）其他形式。

3. 符合本条第 1 款要求且可单独使用的作品部分（包括其标题）为著作权客体。

4. 著作权不适用思想本身、方法、程序、方式、概念、原理、发现、事实。

5. 作品的著作权与承载作品的物质载体的所有权无关。

物质载体所有权或物质载体占有权的转让本身并不意味着将任何著作权转让给该物质载体所表达的作品，著作权和邻接权立法规定的情况除外。

第 993 条　受著作权保护的作品

1. 著作权的客体包括：

（1）文学作品（书籍、小册子、文章等）；

（2）戏剧和音乐戏剧作品、舞蹈和哑剧作品以及其他剧本作品；

（3）有歌词或无歌词的音乐作品；

（4）视听作品（电影、电视、录像片、电影胶片和其他电影和电视作品）；

（5）雕塑、绘画、图表、石版画和其他造型艺术作品；

（6）应用艺术和设计作品；

（7）建筑、城市规划和园艺艺术作品；

（8）摄影作品，包括通过类似拍摄方法创作的作品；

（9）地图、地质图和属于地理学、地形学和其他科学的绘画、平面图、草图和造型图；

（10）计算机软件；

（10$^1$）专著、文章、报表、科学讲座和报告、论文、设计文件和其他科学作品；

（11）其他作品。

2. 计算机软件的保护适用于所有类型的可以用任何语言和任何形式表达的计算机程序（包括操作系统），包括源代码和目标代码。

3. 著作权的客体还包括：

（1）派生作品（翻译、改编、注释、摘要、概述、评论、改编的戏曲、改编的乐曲和其他对科学、文学和艺术作品改编的作品）；

（2）汇编作品（百科全书、选集、数据库）和其他体现了收集和整理材料的创造性劳动成果的作品；

派生作品和汇编作品受著作权保护，不论其所依据的作品或其所包含的作品是否是著作权的客体。

第994条　邻接权的客体

邻接权适用于表演、录音制品、无线或有线广播组织的节目。

对于邻接权的产生和行使，不要求办理任何手续。

第 995 条 邻接权的效力范围

1. 依照本法典和其他著作权和邻接权的法律文件，在下列情况对其表演者的权利予以承认：

（1）表演者是白俄罗斯共和国公民；

（2）首次表演在白俄罗斯共和国境内进行；

（3）依照本条第 2 款将表演记录在录音制品上；

（4）依照本条第 3 款包含在无线或有线广播中的未记录在录音制品上的表演；

（5）在白俄罗斯共和国签署的国际条约规定的其他情况下。

2. 依照本法典和其他著作权和邻接权的法律文件，在下列情况对录音制品制作者的权利予以承认：

（1）录音制品制作者是白俄罗斯共和国公民或在白俄罗斯共和国境内有官方所在地的法人；

（2）录音制品首次在白俄罗斯共和国境内发布；

（3）在白俄罗斯共和国签署的国际条约规定的其他情况下。

3. 如果该组织在白俄罗斯共和国境内有官方所在地，并从位于白俄罗斯共和国境内的发送器进行广播，则依照本法典和其他著作权和邻接权的法律文件，对无线或有线广播组织的权利予以承认，在白俄罗斯共和国签署的国际条约规定的其他情况亦然。

第 62 章 工业产权的一般规定

第 996 条 调整对象

本法典和依据本法典通过的法律调整与创造和使用发明、实用新型、外观设计，育种成果以及保护生产秘密（技术诀窍），民事流转参与者、商品、作品、服务的个性化手段（企业名称、商品标记和服务标记、地理标志）相关产生的关系。

第997条 工业产权法

工业产权法由本法典和其他法律文件组成。

第998条 工业产权的客体

工业产权包括：

（1）发明；

（2）实用新型；

（3）外观设计；

（4）育种成果；

（5）集成电路布图设计；

（6）生产秘密（技术诀窍）；

（7）商业名称；

（8）商品标记和服务标记；

（9）地理标志；

（10）法律规定的其他工业产权客体和民事流转参与者、商品、工作或服务的个性化标志。

第63章 发明、实用新型和外观设计权

第999条 发明、实用新型和外观设计的法律保护

发明、实用新型和外观设计权受国家保护，并经专利证明。

第1000条 发明、实用新型和外观设计的法律保护条件

1. 发明、实用新型和外观设计权受所授予的专利保护。

2. 任何技术领域的发明，涉及产品或方法，具有新颖性、创造

性和工业实用性，均受法律保护。

3. 受法律保护的实用新型是属于设备的技术解决方案，具有新颖性且可在工业上应用。

4. 受法律保护的外观设计是确定外部形态的艺术或艺术设计的制造方案，具有新颖性和原创性。

5. 发明、实用新型和外观设计的提出，专利权获得要求，专利机构颁发程序均由法律规定。

第 1001 条　使用发明、实用新型、外观设计的权利

1. 专利权人拥有专利发明、实用新型、外观设计的专有使用权。

发明、实用新型、外观设计的专用权包括在不侵犯他人权利的情况下自行决定使用该发明、实用新型、工业外观设计的权利，还包括禁止使用该发明、实用新型、外观设计的权利，以及授权他人使用发明、实用新型、工业设计。

专利发明的专有使用权是一种生产产品的方法，适用于通过该方法直接获得的产品。在这种情况下，新产品被认为是通过专利方法获得的，除非另有证明。

2. 未经专利持有人许可，其他人无权使用发明、实用新型和外观设计，但依照本法典或其他法律不认为是侵犯专利持有人专有权的情况除外。

3. 未经专利持有人同意实施下列行为是对其专有权的侵犯：

生产、应用、进口、许诺销售、销售、其他投入民事流转或以此为目的存储其中含有本发明的产品，含有本实用新型的设备，包含本外观设计的制品，以及设备出现上述相关行为，在运作或操作

时按照其用途自动使用受发明专利保护的方法。

应用受发明专利保护的方法，或投入民事流转或者以此为目的储存直接通过受发明专利保护的方法生产的产品。同时，如果该产品具有新颖性，则认为任何相同的产品均以专利方式获得，除非另有证明。

第 1002 条　专利的有效期

1. 专利的有效期自向专利机构提交发明、实用新型和外观设计专利颁发申请之日起并在符合法律规定的要求时开始计算：

（1）发明——二十年。如果其应用需要进行国家登记的药品、杀虫剂或者农业化学发明自专利颁发申请之日起至首次国家登记之日起已满五年的，则专利机构可依照专利持有人的申请延长本发明专利的有效期。专利有效期延长的时间为自提交发明专利颁发申请之日起至首次应用药品、杀虫剂或者农业化学发明国家登记之日的时间，但要扣除五年。此时专利有效期延长不得超过五年。在专利有效期间提交专利有效期延长申请自首次应用药品、杀虫剂或者农业化学发明国家登记之日起或者在专利机构的官方公报中公布专利信息之日起六个月期限届满之前提出，以其中日期在后的为准。

（2）实用新型——五年。专利机构应专利持有人的申请，可以延长此期限，但不得超过三年。在专利有效期届满之前应向专利机构提交延长实用新型专利有效期的申请书。

（3）外观设计——十年。专利机构应专利持有人的申请可延长此期限，但不得超过五年。在专利有效期届满之前应向专利机构提交延长外观设计专利有效期的申请书。

2. 发明、实用新型、工业外观设计的保护自向专利机关提出发明、实用新型、工业外观设计专利权申请之日起生效。只有在授予专利后才能进行权利保护。专利被驳回的，视为不予保护。

3. 发明、实用新型和外观设计优先权的确定程序由法律规定。

第 64 章　动物植物新品种权

第 1003 条　保护植物新品种和动物新品种权利的条件

1. 动植物品种权（育种成果）受所授予的专利保护。

在植物栽培中承认为育种成果的植物品种，即指最低等级的已知植物学分类群中的一个植物群。由实施给定的基因型或基因型组合所表现的特征程度决定的，且可以通过这些特征中的至少一种的表现程度与任何其他植物群区分，并且就其用以复制未知的整个植物群的适合性而言可以被视为一个整体。

在动物培育中承认为育种成果的动物品种，是指由人类创造的整体上具有共同起源的大量的动物群体，具有可以将其与同一物种的其他品种的动物区分开来的谱系结构和特性的品种，并且在数量上足以作为一个品种繁殖。

2. 获得育种成果专利权的要求以及颁发此类专利的程序由法律规定。

第 1004 条　作者的育种成果命名权

1. 育种成果的作者有权确定其名称，该名称必须符合育种成果法规定的要求。

2. 受保护的育种成果在生产、再生产、许诺销售、销售和其他类型的销售中，必须使用为其登记的名称。不允许对生产的和（或）

出售的种子、繁殖材料使用不同于登记名称的名称。

3. 将登记的育种成果的名称剽窃至并非此名称生产和（或）出售的种子、繁殖材料侵犯了专利持有人和育种者的权利。

第 1005 条　育种成果专利持有人的权利

育种成果专利持有人在法律规定的范围内对该成果享有专有权。

第 1006 条　育种成果专利的有效期

育种成果专利的有效期自成果在受保护的育种成果国家登记簿中进行登记之日起算二十年内有效。

法律可以为某些类型的育种成果规定更长的专利有效期。

第 65 章　集成电路布图设计权

第 1007 条　集成电路布图设计的概念

集成电路布图设计是指固定于物质载体的集成电路元素与其互联线路的空间-几何分布。

第 1008 条　集成电路布图设计的法律保护条件

1. 法律保护只限于原创性的集成电路布图设计。

原创性的集成电路布图设计是由作者的创造性活动成果所创造。除非另有证明，否则布图设计被视为具有原创性。

2. 在其创造之日为集成电路开发商和制造商所共知的元素组合的布图设计，不能给予法律保护。

3. 用在其创造之日由集成电路开发商和制造商所共知的元素构成的布图设计只有在这些元素的组合在整体上符合本条第 1 款的要求时才能给予法律保护。

第 1009 条　与集成电路布图设计创造和使用相关的关系调整

与集成电路布图设计创造、保护和使用相关的关系由本法典和其他保护集成电路布图设计权的法律文件调整。

第 66 章 保护生产秘密（技术诀窍）免于非法使用权

第 1010 条 法律保护生产秘密（技术诀窍）的条件

1. 合法掌握构成生产秘密（技术诀窍）信息的人有权保护该信息免受非法使用。

2. 构成生产秘密（技术诀窍）的信息如果符合本法典第 140 条第 2 款规定的要求，则作为商业秘密予以保护。无论是否履行与此信息有关的任何手续（登记、获得证书等），都会产生保护此类信息的权利。

第 1011 条 非法使用生产秘密（技术诀窍）的责任

1. 合法拥有生产秘密（技术诀窍）的人有权要求非法使用它的人立即停止此类使用，以及有权使用法律规定的其他保护方式。

2. 根据法律在使用生产秘密（技术诀窍）的人为善意购买人的情况下，法院考虑到此人使用生产秘密（技术诀窍）所花费的资金，可以允许其进行赔偿后继续使用。

3. 独立且合法地获得构成生产秘密（技术诀窍）信息的个人有权使用这些信息，而无须考虑相关生产秘密（技术诀窍）持有者的权利，并且不对此负责。

第 1012 条 生产秘密（技术诀窍）的处分

掌握生产秘密（技术诀窍）的人可以根据合同将构成生产秘密的信息全部或部分转让给他人。

第 67 章 民事流转参与者、商品、工作、服务的个性化标志

第 1013 条 企业名称权

1. 法人拥有在商品、包装、广告、招牌、招股说明书、发票、印刷出版物、官方信笺和其他与其活动相关的文件以及在白俄罗斯共和国境内举办的展览和展览会上，商品展示期间使用企业名称的专有权。

2. 法人的企业名称经章程设立而确定，且必须通过列入统一的法人和个人企业家国家登记簿的方式进行登记。

3. 法人的名称不能登记为与已经登记法人的名称相似达到混淆程度的名称。

第 1014 条 在商标中使用法人的名称

法人的名称可用于其所属的商标。

第 1015 条 法人名称权的效力

1. 在白俄罗斯共和国登记的作为法人标志的名称专有权在白俄罗斯共和国境内生效。

对于在外国登记或公认的名称，其在白俄罗斯共和国境内的专有权在法律规定的情况下生效。

2. 企业名称的效力随着法人的清算或法人商号的变更而终止。

第 1016 条 企业名称权的转让

1. 法人名称权不得让渡和转让，但法人重组或企业整体转让的情况除外。

2. 公司名称权利人可以授权他人使用其名称（颁发许可证）。但是，在这种情况下，许可协议必须规定防止误导消费者的措施。

3. 商品标志和服务标志。

第 1017 条　商品标志和服务标志的概念

1. 商品标志和服务标志（以下简称商标）是协助把一个人的商品、工作和（或）服务与他人类似商品和（或）服务区分开来的标志。

2. 已注册的文字符号可以作为商标，包括专有名称、颜色组合、字母、数字、图案、立体符号，包括商品的形状或其包装，以及这些符号的组合。在法律文件规定的情况下，其他符号也可以注册为商标。

3. 商标可以以任何颜色或颜色组合注册。

第 1018 条　商标的法律保护

1. 在白俄罗斯共和国境内对商标给予法律保护是根据商标法规定的程序向专利机构进行注册或以白俄罗斯共和国签署的国际条约为基础进行的。

2. 商标权受国家保护并通过证书证明。

3. 商标证书证明商标的优先权，商标持有人拥有对证书中指明的商品、工作和（或）服务中含有商标图案的专有权。

第 1019 条　商标专有权

1. 商标持有人拥有使用商标的专有权并可以处分这些专有权，以及拥有禁止他人使用商标的权利。

2. 未经其权利持有人许可，任何人不得使用在白俄罗斯共和国境内受保护的商标。

第 1020 条　注册的有效期

1. 商标注册自向专利机构提出申请之日起十年内有效。

2. 商标注册的有效期可以根据持有人在该效力的最后一年内提出申请予以无限次延长，每次延长十年。

第 1021 条 集体商标

1. 组建和活动不违反所在国法律的团体有权在白俄罗斯共和国境内注册集体商标。用于标记由这些人生产和（或）销售的商品，所进行的工作和（或）所提供的服务，具有相同质量特点或其他共同特征。

2. 集体商标及其使用权不得转让。

第 1022 条 商标专有权的转让和通过商标证书证明的财产权的质押

商标持有人可以根据合同将所注册商标的全部或部分商品、工作和（或）服务的商标专有权转让给他人。

如果可能会让消费者对相关商品、工作和（或）服务或商品制造商、工作和（或）服务提供者产生误导，则不允许转让商标专有权。

经商标证书证明的专有权可以作为质押的标的。

商标专有权的转让合同，商标证书证明的专有权质押合同，以及对上述合同的变更，均根据法律规定的程序向专利机构登记。

第 1023 条 授予商标的使用许可

商标持有人（许可人）可以根据许可合同将所注册商标的全部或部分商品、工作和（或）服务的商标使用权授予给他人（被许可人）。

许可合同应当包含被许可人的商品、工作和（或）服务的质量标准，或者被许可人的商品、工作和（或）服务质量不低于许可人的商品、工作和（或）服务质量的条件，以及许可人实施对被许可人的商品、工作和（或）服务的质量监督的条件。

根据提出的商品、工作和（或）服务质量要求应用许可人的商标，许可人承担补充责任。

第 1024 条　地理标志的法律保护条件

1. 地理标志是证明某商品原产于某一个国家的境内或来自该领域的某个地区或地点的标志，该商品的特定质量、声誉或其他特征实质上取决于其地理上的原产地。

"地理标志"的概念包括"商品原产地名称"和"商品原产地标记"。

2. 受法律保护的商品原产地名称是指体现或者包含现代的或者历史的、官方的或者非官方的、完整的或者缩略的地理对象名称的标记，以及从该名称中派生且其所针对的商品的特性仅由或者主要由该地理对象所特有的环境条件和（或）人文要素决定而闻名的标记。

上述规定适用于可以确定商品为来自特定地理对象区域的标记和尽管没有包含该对象的名称，但由于该标记使用具有符合本条第 1 款规定的特定品质的商品而知名的标记。

对于尽管也体现了地理对象的名称或包含了地理对象的名称，但是在白俄罗斯共和国已经被作为与其生产地无关的特定种类商品的标记而被公众使用的标记，不视其为商品原产地名称。

3. 商品原产地标记是直接或间接指明商品实际原产地或制造地的标记。

商品原产地标记可以以地理对象名称或图形的形式表示。

4. 在白俄罗斯共和国商品原产地名称的法律保护是在其向专利机构登记或依据白俄罗斯共和国签署的国际条约的基础上所给予的。

在登记的基础上颁发商品原产地名称使用权证书。

登记和颁发商品原产地名称使用权证书、登记和证书的认定无效、登记和证书效力终止的程序和条件由商品原产地名称法确定。

5. 对商品原产地标记的法律保护是在使用该标记的基础上进行的。

商品原产地标记的法律保护包括防止使用伪造的（虚假的）商品原产地标记，以及防止消费者对商品的实际原产地出现误解。商品原产地标记不需要国家登记。

第 1025 条　地理标志的使用权

1. 地理标志的使用权人有权将其放在商品、包装、广告、招股说明书、票据上和以其他将商品投入民事流转的方式使用。

2. 商品原产地名称可由若干人共同登记，指名在某一地理对象区域内生产的商品，其特性仅由或主要由该地理对象所特有的环境条件和（或）人文要素决定。商品原产地名称的使用权属于这些人中的每一个人。

以规定方式登记的商品原产地名称的使用权，可以授予位于同一地理对象区域内，生产具有相同特征商品的任何法人或自然人。

3. 在首次登记之日不少于六个月前，使用与商品原产地名称相同或相似的地理对象名称的善意使用人在专利机构规定的期限内为其保留继续使用该名称的权利，但自上述名称登记之日起不得超过两年。

4. 不允许转让和以颁发许可证的方式授予地理标志的使用权。

第 1026 条　地理标志法律保护的范围

1. 在白俄罗斯共和国，对位于白俄罗斯共和国境内的地理标志给予法律保护。

2. 另一国的商品原产地名称，如果该商品原产地名称根据本法典在商品原产国和白俄罗斯共和国注册，则该商品原产地名称在白俄罗斯共和国提供法律保护。

3. 如果在商品原产国使用该标记，则在白俄罗斯共和国对位于其他国家的商品原产地标记给予法律保护。

第 1027 条　商品原产地名称使用权证书的有效期

1. 商品原产地名称的使用权证书自提交专利机构之日起十年内有效。

2. 商品原产地名称使用权证书的有效期可以在证书效力最后一年根据权利持有人的申请在保持赋予商品原产地名称使用权的条件下延长十年。可无数次延长证书的有效性。

第 1028 条　侵犯地理标志法的责任

1. 有权使用地理标志的人可以要求非法使用者停止使用，并将非法使用的商品原产地名称或与之相似达到混淆程度的标记，从侵权商品、包装、货签和类似的标签上除去，将制造的名称图纸或与之相似达到混淆程度的标记销毁，如果不可能，则没收和销毁商品和（或）包装。

2. 地理标志使用权人有权要求侵权人对其所遭受的损失予以赔偿。

第 68 章　不正当竞争

第 1029 条　反不正当竞争

在白俄罗斯共和国不允许不正当竞争。

不正当竞争是：

（1）所有能够以任何方式对法人、个体企业家、竞争对手的商品、工作、服务或经营活动引起混淆的行为；

（2）在进行经营活动中的虚假陈述，能够损害法人、个体企业家、竞争对手的商品、工作、服务或经营活动的信誉；

（3）在进行经营活动中使用可能会对竞争对手的商品、工作、服务的性质、特性、应用的适合性或数量产生误导的指示或声明；

（4）在经营活动中违反本法典和其他竞争法文件要求的其他行为。

第 1030 条　实施不正当竞争的责任

1. 实施不正当竞争的人有义务停止违法行为，并对构成不正当竞争内容的散布信息和行为发布辟谣。

2. 遭受不正当竞争的人有权要求不正当竞争者赔偿所遭受的损失。

# 第七章

# 乌克兰民法典知识产权编

乌克兰民法典于 2003 年 1 月 16 日颁布（№ 435-IV），2016 年 6 月 14 日修改（№ 1414-Ⅷ），分为六部分。第一部分总则，包括五编：第一编基本原则；第二编民事主体；第三编民事权利客体；第四编法律行为代理；第五编时间和日期诉讼时效。第二部分自然人的个人非财产权（人格权）。第三部分所有权和其他物权，包括二编：第一编所有权；第二编他人财产的物权。第四部分知识产权，含 12 章，计有 90 条，包括：第 35 章知识产权总则；第 36 章文学、艺术和其他作品知识产权（著作权）；第 37 章表演、录音、视频节目和广播组织节目知识产权（邻接权）；第 38 章科学发现知识产权；第 39 章发明、实用新型、工业外观知识产权；第 40 章集成电路知识产权；第 41 章合理化建议知识产权；第 42 章动植物品种知识产权；第 43 章企业名称知识产权；第 44 章商标知识产权；第 45 章地理标志知识产权；第 46 章商业秘密知识产权。第五部分债权包括三编：第一编债的一般规定；第二编合同总则；第三编债的种类，其中第 75 章属于财产权的知识产权。第六部分继承权。共计 1308 条。该文本是根据 2016 年 6 月 14 日修改的内容编译而成。

**乌克兰民法典**

第四部分　知识产权

第 35 章　知识产权总则（15 条）

第 418 条　知识产权的概念

1. 知识产权是由本法典和其他法律规定的人的智力创造活动成果或者其他知识产权客体的权利。

2. 知识产权由知识产权个人非财产权和知识产权财产权构成，对于某一知识产权客体包含的内容由本法典和其他法律规定。

3. 知识产权不得侵犯。除法律有规定外，任何人不能剥夺知识产权或限制其实施。

第 419 条　知识产权和所有权的相互关系

1. 知识产权和物的所有权是相互独立的。

2. 知识产权客体权利的移转不意味着物的所有权的移转。

3. 物的所有权的移转不意味着知识产权客体权利的移转。

第 420 条　知识产权客体

知识产权客体，包括：

文学和艺术作品；

计算机软件；

数据库；

表演；

录音、录像、广播组织节目；

科学发现；

发明、实用新型、外观设计；

集成电路布图设计；

合理化建议；

植物品种、动物品种；

企业名称、商标（商品和服务标志）；

地理标志；

商业秘密。

第 421 条　知识产权主体

知识产权主体是：根据本法典和其他法律或者合同知识产权个人非财产权和财产权属于知识产权客体的创造者（作者、表演者、发明者等）和其他人。

第 422 条　知识产权产生（获得）的基础

知识产权的产生（获得）基础是本法典、其他法律或者合同的规定。

第 423 条　知识产权个人非财产权

1. 知识产权个人非财产权是：

（1）承认是知识产权客体创造者（作者、表演者、发明者等）的权利；

（2）防止任何侵犯知识产权、能够导致知识产权客体创造者荣誉或者声誉受损的权利；

（3）法律规定的其个人非财产权。

2. 知识产权个人非财产权属于知识产权客体创造者。在法律有规定的情况下，知识产权个人非财产权可以属于他人。

3. 知识产权个人非财产权独立于知识产权财产权。

4. 除法律规定外，知识产权个人非财产权不得转让（转移）。

第 424 条　知识产权财产权

1. 知识产权财产权是：

（1）知识产权客体使用权；

（2）知识产权客体许可使用专有权；

（3）防止知识产权客体非法使用专有权，包括禁止使用；

（4）法律规定的知识产权其他财产权。

2. 法律可以规定知识产权的例外和限制，但不得对知识产权的正常行使和权利主体合法利益的实现构成重大障碍。

3. 知识产权财产权可以依法作为法人注册资本的出资、质押协议和其他义务的标的，也可以用于其他民事关系。

第 425 条　知识产权有效期限

1. 如果法律没有另外规定，知识产权个人非财产权是永久有效的。

2. 知识产权财产权在本法典、其他法律或者合同规定期限内有效。

3. 在本法典、其他法律或者合同规定的情况下，知识产权财产权可以提前终止。

第 426 条　知识产权客体的使用

1. 知识产权客体的使用方式由本法典和其他法律规定。

2. 享有知识产权客体许可使用专有权的人在保护其他人权利的情况下自行使用该客体。

3. 除本法典和其他法律规定不经许可合法使用外，经享有知识产权客体许可使用专有权的人许可，其他人可以使用知识产权客体。

4. 知识产权客体使用许可（许可证）授予条件可以由遵守本法典和其他法律要求订立的许可合同确定。

第 427 条　知识产权财产权转让

1. 知识产权财产权可以根据法律全部或者部分转让给他人。

2. 知识产权财产权转让的条件可以由根据本法典和其他法律订立的合同确定。

第 428 条　属于几个人的知识产权的实施

属于几个人共有的知识产权可以按照他们之间的合同实施。在没有合同时，属于几个人的知识产权由他们共同实施。

第 429 条　由于履行劳动合同创造的客体知识产权

1. 由于履行劳动合同创造的客体的知识产权个人非财产权属于创造该客体的劳动者。在法律有规定的情况下，该客体的知识产权某一个人非财产权可以属于从事工作的法人或者自然人。

2. 由于履行劳动合同创造的客体知识产权财产权属于创造该客体的劳动者，如果合同没有另外规定，属于从事工作的法人或者自然人共有。

3. 由于履行劳动合同创造的客体知识产权财产权实施的特殊性，可以由法律确定。

第 430 条　订购创造的客体知识产权

1. 订购创造的客体知识产权个人非财产权属于该客体的创作者。在法律有规定的情况下，该客体知识产权某一个人非财产权可以属于订购人。

2. 订购创造的客体知识产权财产权属于该客体创造者和订购人共同享有，合同有另外规定的除外。

第431条 侵犯知识产权的后果

侵犯知识产权，包括不承认该权利或者蓄意侵害它，将追究本法典、其他法律或者合同规定的责任。

第432条 知识产权的法院保护

1. 每个人有权根据本法典第16条请求法院保护自己的知识产权。

2. 法院按照法律规定的程序可以做出判决，包括：

（1）采取紧急措施防止侵犯知识产权和保证相关证据的安全；

（2）终止放行实施侵犯知识产权出口或者进口的商品经乌克兰海关过境；

（3）没收制造或者流入民事流转的侵犯知识产权的商品或者销毁该商品；

（4）没收民事流转中的主要用于制造侵犯知识产权商品的材料和工具或者没收和销毁由此产生的材料和工具；

（5）采取一次性罚款代替非法使用知识产权客体的损害赔偿。赔偿数额根据法律并考虑人的过错和其他有实质意义的情况确定；

（6）在媒体上公布侵犯知识产权的信息和该侵权司法判决的内容。

第36章 文学、艺术和其他作品知识产权（著作权）

第433条 著作权的客体

1. 著作权的客体是作品

(1) 文学和艺术作品，包括：

小说、诗歌、文章和其他书面作品；

讲座、演讲、布道和其他口头作品；

戏剧、音乐戏剧作品、哑剧、舞蹈、其他舞台作品；

音乐作品（有无歌词）；

视听作品；

绘画、建筑、雕塑和图表作品；

摄影作品；

应用艺术作品；

涉及地理、地形、建筑或科学的插图、地图、规划图、草图和造型作品；

翻译、修改、改编和其他对文学或艺术再加工作品；

作品的选集，如果它们通过选择或整理，其组成部分是智力活动成果；

(2) 计算机软件。

(3) 数据汇编（数据库），如果它们通过选择或整理，其组成部分是智力活动成果。

(4) 其他作品。

2. 作品不受任何影响，无论其完整性、目的、价值以及表达方式或形式，均受著作权保护。

3. 著作权不适用于思想、程序、活动方法或数学定律等。

4. 计算机软件作为文学作品受到保护。

5. 数据汇编（数据库）或其他材料的汇编受到保护。这种保护不适用于数据或材料本身，也不涉及是汇编组成的数据或材料的著作权。

第434条 不是著作权客体的作品

不是著作权的客体：

（1）国家权力机关和地方自治机关的文件（法律、指示、命令、决定等），以及它们的官方译本；

（2）经国家权力机关批准的乌克兰国家象征物、货币标志、徽章等；

（3）具有常规信息性质的当天新闻或时事的报道；

（4）其他法律规定的作品。

第435条 著作权主体

1. 著作权的原始主体是作品的作者。在缺乏其他证据的情况下，作品的作者通常被认为是作品原件或复制件上指明的自然人（作者身份的推定）。

2. 著作权主体包括其他根据合同或法律获得了作品权利的自然人和法人。

第436条 合作作者

1. 合作创作的作品的著作权属于合作作者，无论这种作品是否构成一个不可分割的整体，是否由多个部分组成，每个部分是否具有独立的意义。如果可以独立于本作品的其他部分使用，则共同创作的作品的部分被认为具有独立的意义。

2. 为每位合作作者保留他所创作的具有独立意义的作品的部分

的著作权。

3. 合作作者之间的关系可以通过合同进行约定。在没有这种合同的情况下,作品的著作权由所有合作作者共同行使。

第437条 著作权的产生

1. 著作权自作品创作完成时产生。

2. 著作权人可以使用法律规定的特殊标志宣示其权利。

第438条 作者的个人非财产权

作品的作者拥有本法典第423条规定的个人非财产权,以及以下权利:

(1)在实际可行的情况下要求因使用其作品而指明他的姓名;

(2)禁止在使用作品时指明他的名字;

(3)使用作品时选择匿名;

(4)作品的不可侵犯权。

第439条 著作人身权保护

1. 作者有权反对任何对作品的歪曲、篡改、其他改动或者任何可能会损害作者的荣誉和声誉的行为,以及未经其同意对作品附加插图、前言、后记、注释等。

2. 在作者去世后,作品的不可侵犯性由作者授权的人保护。在没有此种授权的情况下,作品的不可侵犯性由作者的继承人以及其他利害关系人保护。

第440条 作品知识产权的财产权

1. 作品知识产权的财产权是:

(1)作品使用权;

（2）许可使用作品的专有权；

（3）防止非法使用作品的权利，包括禁止使用；

（4）法律规定的其他知识产权财产权。

2. 作品的财产权属于其作者，合同或法律另有规定的除外。

第441条 作品的使用

1. 作品的使用是指：

（1）发布（公之于世）；

（2）以任何方式和形式复制；

（3）翻译；

（4）加工、修改、改编和其他类似的改变；

（5）将组成部分纳入选编、数据库、选集、百科全书等；

（6）公开表演；

（7）出售、租用（租赁）等；

（8）进口它的复制品，复制品的翻译、加工等。

2. 作品的使用及法律规定的其他行为。

第442条 作品的发布（作品公之于世）

1. 如果作品以任何方式传达给不特定的群体，包括出版、公开表演、公开展示、通过广播或电视传播、在公共电子信息系统中显示，则该作品被视为已发布（公之于世）。

2. 如果作品侵犯了个人和家庭生活的隐私权，对公众的秩序、健康和道德造成损害，那么作品就不能发布。

3. 未经作者同意任何人无权发布作品，本法典和其他法律另有规定的情况除外。

4. 作者去世后，他的继承人有权发布作品，如果这不违背作者意愿的话。

第 443 条 经作者同意使用作品

作品的使用仅在作者同意的情况下进行，本法典和其他法律规定的无须作者同意的合法使用作品的情况除外。

第 444 条 未经作者同意合法使用作品的情形

1. 下列属于未经作者和其他人的同意，任何人都可以自由免费使用作品的情形：

（1）作为合法出版作品的引文，或作为教育出版物、广播和电视节目、录音和录像的插图，在不违反惯例的情况下，说明引用的来源和作者的姓名（如果在该来源中注明的话），并在目的合理的范围内使用；

（2）在司法、行政程序中符合该目的范围内进行复制；

（3）在法律规定的其他情况下。

2. 使用作品的人必须注明作品的作者姓名和引用来源。

第 445 条 作者有权因使用其作品而收取报酬

作者有权因使用其作品而收取报酬，本法典和其他法律另有规定的除外。

第 446 条 作品知识产权财产权的有效期

作品的知识产权财产权有效期为七十年，从作者或合作作者中最后一个死亡的下一年度的 1 月 1 日算起，但法律另有规定的情况除外。

第 447 条 作品的知识产权财产权有效期届满后的法律后果

在作品的知识产权财产权有效期届满后，任何人都可以自由而免费地使用，法律另有规定的除外。

第 448 条　作者在出售作品原件中占有份额的权利

1. 作者拥有可以在作品原件出售之后收到艺术品原件或文学作品原稿的每笔销售额的 5% 的钱款的权利，此权利不可剥夺。这笔钱款由作品原件的卖方支付。

2. 本条第 1 款规定的权利移转给作品作者的继承人和这些继承人的继承人，并且在本法典第 446 条规定的作品知识产权财产权有效期届满之前一直有效。

第 37 章　表演、录音制品、录像制品和广播组织的节目（广播）知识产权（邻接权）

第 449 条　邻接权的客体

邻接权的客体无须为该客体办理任何手续，无论其用途、意义、价值以及表达方式或形式为何，包括：

（a）表演；

（b）录音制品；

（c）录像制品；

（d）广播组织的节目（广播）。

第 450 条　邻接权的主体

1. 邻接权的原始主体是表演者、录音制品制作者、录像制品制作者、广播组织。在没有其他证据的情况下，在录音制品、录像制品的复制品或者包装上以及广播组织定时的广播上指明的姓名（名称），该人被视为表演者、录音制品制作者、录像制品制作者、广播组织节目（广播）的制作者。

2. 邻接权的主体也及于依照合同或法律获得此类权利的其他人。

第 451 条　邻接权的产生

1. 表演知识产权自首次实施之日起产生。

2. 录音制品或录像制品知识产权自制作完成时产生。

3. 广播组织节目（广播）知识产权自首次实施时产生。

4. 拥有邻接权的人可以使用法律规定的特殊标志来宣示其权利。

第 452 条　邻接权客体知识产权的财产权

1. 邻接权客体知识产权的财产权是：

（1）邻接权客体使用权；

（2）许可使用邻接权客体的专有权；

（3）防止非法使用邻接权客体的权利，包括禁止此类使用；

（4）法律规定的其他知识产权财产权。

2. 邻接权客体的知识产权财产权属于相应的表演者、录音制品制作者、录像制品制作者或广播组织，合同或法律另有规定的除外。

第 453 条　表演的使用

1. 表演的使用是：

（1）在进行表演时向观众传达表演；

（2）在进行表演时记录（定影）表演，如果这样的表演记录能够通过技术手段接收、复制和播放；

（3）以任何方式和任何形式直接或间接复制表演记录；

（4）出售和以其他方式出让表演记录的原件或复制件；

（5）出租表演记录的原件或复制件；

（6）提供通信手段，使任何人都能在其所选择的地点和时间查阅表演。

2. 法律规定的表演的其他使用行为。

第454条 录音制品、录像制品的使用

1. 录音制品、录像制品的使用是：

（1）通过任何方式和任何形式直接或间接复制录像制品、录音制品；

（2）出售和以其他方式出让录音制品、录像制品的原件或复制件；

（3）出租录音制品、录像制品的原件或复制件；

（4）提供通信手段，使任何人都能在其选择的地点和时间查阅录音制品、录像制品。

2. 法律规定的录音制品、录像制品的其他使用行为。

第455条 广播组织节目（广播）的使用

1. 广播组织节目（广播）的使用是：

（1）广播组织节目（广播）的实施（广播、转播）；

（2）记录（固定）广播组织节目（广播），如果这种记录能够通过技术手段的帮助对其进行接收、复制和实施；

（3）复制广播组织节目（广播）的记录；

（4）在建立收取入场费的地方向观众提供广播组织节目（广播）。

2. 法律规定的广播组织节目（广播）的其他使用行为。

第 456 条　邻接权的有效期

1. 表演知识产权财产权的有效期为五十年，从首次进行表演记录的下一年度的 1 月 1 日起算，如果没有这样的记录，则从进行表演的下一年度的 1 月 1 日起算。

2. 录音制品、录像制品知识产权财产权的有效期为五十年，自公布的下一年度的 1 月 1 日起算，如自其制作之日起五十年内没有公布，则从录音制品、录像制品制作的下一年度的 1 月 1 日起算。

3. 广播组织节目（广播）知识产权财产权有效期为五十年，从首次实施的下一年度的 1 月 1 日起算。

4. 法律在某些情况下可以规定邻接权的其他有效期。

第 38 章　科学发现知识产权

第 457 条　科学发现的概念

科学发现是确定的以前未知但客观存在的物质世界的规律、特性和现象，它们对科学知识水平带来了根本性的改变。

第 458 条　科学发现权

1. 科学发现的作者有权以自己的姓名或专门的名称来命名科学发现。

2. 科学发现权由证书证明，并以法律规定的方式受到保护。

第 39 章　发明、实用新型、外观设计知识产权

第 459 条　一项发明适宜取得知识产权需要具备以下条件：

1. 一项发明，如果依法具有新颖性、创造性和工业实用性，则被认为适合取得知识产权。

2. 发明的客体可以是任何技术领域中的产品（装置、材料等）或流程。

3. 法律可以依照本条确定不适合获取知识产权的产品和流程。

第 460 条　实用新型取得知识产权的条件：

1. 如果实用新型依法具有新颖性并适用于工业用途，则认为其适合于获得实用新型知识产权。

2. 实用新型的客体可以是任何技术领域的产品（装置、材料等）或流程。

3. 法律可以依照本条确定不适合获取知识产权的产品和流程。

第 461 条　外观设计取得知识产权的条件：

1. 如果外观设计依法具有新颖性，则认为其适合于获得外观设计知识产权。

2. 外观设计的客体可以是工业产品外观种类确定的形状、图案、颜色或者其组合。

第 462 条　发明、实用新型、外观设计知识产权取得证明

1. 发明、实用新型、外观设计知识产权的取得均经专利认证。

2. 法律保护的范围由发明、实用新型、外观设计的基本特征总体决定。

3. 专利的授予条件和程序由法律规定。

第 463 条　发明、实用新型、外观设计知识产权的主体

发明、实用新型和外观设计知识产权的主体是：

（1）发明人，外观设计的作者；

（2）根据合同或法律取得发明、实用新型和外观设计权的其

他人。

第 464 条　发明、实用新型、外观设计知识产权财产权

1. 发明、实用新型、外观设计知识产权财产权是：

（1）发明、实用新型、外观设计的使用权；

（2）许可使用发明、实用新型、外观设计（发放许可证）的专有权；

（3）防止非法使用发明、实用新型、外观设计的专有权，包括禁止此类使用；

（4）法律规定的其他知识产权财产权。

2. 发明、实用新型、外观设计的知识产权财产权属于相关专利的持有人，合同或法律另有规定的除外。

第 465 条　发明、实用新型、外观设计知识产权财产权的有效期

1. 发明、实用新型、外观设计的知识产权，自国家登记之日起生效，并依法维持这些权利的效力。

2. 法律可以依照本条第 1 款，规定在其生效之前发明知识产权财产权的临时效力条件。

3. 发明知识产权财产专有权的有效期自根据法律规定的程序提交发明颁发申请之日起二十年。这一期限可以根据法律规定的程序对有关发明予以延长，其使用需要特殊考核和官方许可。

4. 实用新型知识产权财产专有权的有效期自根据法律规定的程序提交实用新型颁发申请之日起十年。

5. 外观设计知识产权财产专有权的有效期自根据法律规定的程

序提交外观设计颁发申请之日起十五年。

第466条 提前终止发明、实用新型、外观设计知识产权财产权效力

发明、实用新型、外观设计的知识产权财产权的效力可以在所属人的发起下提前终止，如果这与合同条款不相抵触，以及在法律规定的其他情况下。

第467条 终止发明、实用新型、外观设计知识产权财产专有权效力的法律后果

1. 如果发明、实用新型、外观设计知识产权财产专有权效力终止，这些客体可由任何人自由和免费使用，但法律另有规定的情况除外。

2. 如果提前终止发明、实用新型、外观设计知识产权财产专有权的效力，对获准使用这些客体的人造成损害，这些损失由提供上述许可的人予以赔偿，合同或法律另有规定的除外。

第468条 恢复提前终止发明、实用新型、外观设计的知识产权财产专有权的效力

提前终止的发明、实用新型、外观设计知识产权财产专有权的效力，可以由在效力终止时这些权利所属的人以法律规定的程序进行申请而恢复。

第469条 对发明、实用新型、外观设计知识产权无效的认定

发明、实用新型、外观设计知识产权，应当以法律规定的理由和程序认定其无效。

第470条 发明、实用新型、外观设计的先用权

1. 任何人在提交发明、实用新型、外观设计颁发申请日之前，或者如果主张优先权，在优先权日之前为自己的利益提出申请，在乌克兰善意使用了发明、实用新型、外观设计或已为了此类使用进行了重大而认真的准备，则有权免费延长此类使用或按之前准备的用途使用（先使用人的权利）。

2. 先用权只能与企业或者营业，或者企业的一部分，或者营业中使用了发明、实用新型、工业外观设计的，或者对该使用进行了重要和认真准备的，一起转让或者转移给其他人。

第40章　集成电路布图设计知识产权

第471条　集成电路布图设计获得知识产权的条件：

如果集成电路布图设计具有独创性，则认为其适合获得知识产权。

第472条　集成电路布图设计知识产权取得证明

1. 集成电路布图设计知识产权的取得通过证书证明。

2. 集成电路布图设计的法律保护范围取决于有形介质上的这种布图设计的图像。

3. 颁发证书的条件和程序由法律规定。

第473条　集成电路布图设计知识产权主体

集成电路布图设计知识产权主体是：

（1）集成电路布图设计的作者；

（2）根据合同或法律获得集成电路布图设计权利的其他人。

第474条　集成电路布图设计知识产权的财产权

1. 集成电路布图设计知识产权的财产权是：

（1）集成电路布图设计的使用权；

（2）许可使用集成电路布图设计的专有权；

（3）防止非法使用集成电路布图设计的专有权，包括禁止此类使用；

（4）法律规定的其他知识产权财产权。

2. 集成电路布图设计知识产权财产权属于相关证书的所有者，法律或合同另有规定的除外。

第475条　集成电路布图设计知识产权财产权的有效期

1. 集成电路布图设计知识产权财产权自国家登记之日起生效，并依法维持这些权利的效力。

2. 集成电路布图设计知识产权财产专有权的有效期为十年，自以法律规定的方式提交集成电路布图设计申请之日起计算。

第476条　提前终止集成电路布图设计知识产权财产权的效力

如果这与合同条款以及法律规定的其他情况不相抵触的情况下，集成电路布图设计知识产权财产权的效力可以在其所属人员的倡议下提前终止。

第477条　集成电路布图设计知识产权财产专有权有效期届满的法律后果

1. 在集成电路布图设计知识产权财产专有权效力终止后，任何人都可以自由而免费地使用，法律另有规定的情况除外。

2. 如果提前终止集成电路布图设计知识产权财产专有权的效力，对获准使用这些客体的人造成损害，这些损失由提供上述许可的人予以赔偿，合同或法律另有规定的除外。

第478条 恢复提前终止的集成电路布图设计知识产权财产专有权的效力

提前终止的集成电路布图设计知识产权财产专有权的效力，可以由在效力终止时这些权利所属的人以法律规定的程序进行申请而恢复。

第479条 对集成电路布图设计知识产权无效的认定

集成电路布图设计知识产权根据法律规定的理由和程序认定其无效。

第480条 前用户对集成电路布图设计的权利

1. 任何人在提交集成电路布图设计申请日之前，或者如果主张优先权，在优先权申请日之前，为了其活动利益，在乌克兰善意使用了集成电路布图设计或已为了此类使用进行了重大而认真的准备，则有权免费延长此类使用或按之前准备的用途使用（前用户的权利）。

2. 先用权只能与企业或者营业，或者企业的一部分，或者营业中使用了发明、实用新型、工业外观设计的，或者对该使用进行了重要和认真准备的，一起转让或者转移给其他人。

第41章 合理化建议知识产权

第481条 合理化建议的概念和客体

1. 合理化建议是法人认可的提案，其中包含任何活动领域的工艺（技术）或组织决策。

2. 合理化建议的客体可以是物质客体或流程。

第482条 合理化建议的法律保护范围

合理化建议的法律保护范围由其说明以及图纸（如果提供）

确定。

第 483 条　合理化建议知识产权主体

合理化建议知识产权主体是提出该建议的作者或法人。

第 484 条　合理化建议知识产权主体的权利

1. 合理化建议的作者有权从认可该建议的法人处获得善意奖励。

2. 已经认可合理化建议的法人有权在任何范围内使用该建议。

第 42 章　动植物品种知识产权

第 485 条　动植物品种知识产权的种类

动植物品种知识产权包括：

（1）经国家登记认证的动植物品种知识产权的个人非财产权；

（2）经专利认证的动植物品种知识产权财产权；

（3）经国家登记认证的传播动植物品种的知识产权财产权。

第 486 条　动植物品种知识产权的主体

动植物品种知识产权的主体是：

（1）动植物品种的作者；

（2）根据合同或法律获得动植物品种知识产权财产权的其他人。

第 487 条　经专利认证的动植物品种知识产权财产权

1. 经专利认证的动植物品种知识产权财产权是：

（1）在乌克兰使用适合传播的植物品种、动物品种的权利；

（2）许可使用动植物品种的专有权；

（3）防止非法使用动植物品种的专有权，包括禁止此类使用；

（4）法律规定的其他知识产权财产权。

2. 动植物品种知识产权财产权属于专利持有人，合同或法律另有规定的除外。

第 488 条 动植物品种知识产权财产权的有效期

1. 经专利认证的动植物品种知识产权财产权自其国家登记之日起生效，并依法维持这些权利的效力。

2. 法律可以依照本条第 1 款，规定在其生效之前动植物品种知识产权财产权的临时效力条件。

3. 动植物品种知识产权财产专有权有效期为三十年，而关于树木和葡萄的有效期为三十五年，从国家登记这些权利下一年度的 1 月 1 日起算。

4. 动植物品种知识产权财产专有权的效力可以根据法律规定的情况和程序提前终止或恢复。

5. 传播动植物品种的权利自其国家登记之日起生效，并无期限的依法维持这些权利的效力。

第 43 章 企业名称知识产权

第 489 条 对企业名称的法律保护

1. 如果商业名称能够将一个人与其他人区分开来并且不会在其当前活动方面误导消费者，则该商业名称将受到法律保护。

2. 企业名称知识产权自首次使用该名称之时起生效，并且无须强制提交申请或登记，无论名称是否为商标的一部分，均受到保护。

3. 有关企业名称的信息可以录入登记簿，其管理程序有法律规定。

4. 个人可以使用相同的商业名称，前提是这不会在他们生产和（或）销售的商品以及他们提供的服务方面误导消费者。

第 490 条　企业名称知识产权的财产权

1. 企业知识产权的财产权是：

（1）企业名称使用权；

（2）防止他人非法使用企业名称的权利，包括禁止此类使用；

（3）法律规定的其他企业名称知识产权的财产权。

2. 企业名称的财产权只能与这些权利所属人全部财产整体或其相应部分一起转让给他人。

第 491 条　终止企业名称知识产权财产权的效力

企业名称知识产权财产权的效力在法人清算时和根据法律规定的其他理由予以终止。

第 44 章　商标知识产权

第 492 条　商标

商标可以是任何能够把一个人生产（提供）的商品（服务）与他人生产（提供）的商品（服务）区分开来的符号或符号组合。这些符号可以包括单词、字母、数字、造型元素、颜色组合。

第 493 条　商标知识产权主体

1. 商标知识产权主体是自然人和法人。

2. 对某一商标的知识产权可以同时属于若干自然人和（或）法人。

第 494 条　商标知识产权的取得证明

1. 商标知识产权的取得通过证书证明。颁发证书的条件和程序由法律规定。

2. 商标的法律保护范围取决于证书中所示的图像以及商品和服

务清单，法律另有规定的除外。

3. 取得国际注册商标或者按照法律规定的程序认定为驰名商标的知识产权，不需要证书证明。

第 495 条　商标知识产权的财产权

1. 商标知识产权财产权是：

（1）商标使用权；

（2）许可使用商标的专有权；

（3）防止非法使用商标的专有权，包括禁止此类使用；

（4）法律规定的其他知识产权财产权。

2. 商标知识产权的财产权属于相关证书的所有人、国际注册商标的持有人和以法律规定的程序认可的驰名商标的持有人，合同另有规定的除外。

第 496 条　商标知识产权财产权的有效期

商标知识产权财产权的有效期为十年，自根据法律规定的程序提交商标申请之日起算，法律另有规定的除外。上述期限可以根据法律规定的程序申请延长，每次延长十年。

第 497 条　提前终止商标知识产权财产权的效力

1. 商标知识产权财产权的效力在商标转换为与此相关的某种商品或服务的常用标志时根据法律规定的程序提前终止。

2. 商标知识产权财产权的效力可以在其所属人员的倡议下提前终止，如果这与合同条款以及法律规定不相抵触。

3. 如果提前终止商标知识产权财产专有权的效力，对获准使用这些权利的人造成损害，这些损失由提供上述许可的人予以赔偿，合同或者法律另有规定的除外。

第 498 条 恢复提前终止的商标知识产权财产专有权的效力

提前终止的商标知识产权财产专有权的效力，可以在效力终止时由这些权利所属人以法律规定的程序进行申请而恢复。

第 499 条 对商标知识产权无效的认定

商标知识产权根据法律规定的理由和程序认定其无效。

第 500 条 前用户对商标的权利

1. 任何人在提交商标申请日之前，或者如果主张优先权，在优先权申请日之前，为了其活动利益，在乌克兰善意使用了该商标或已为了此类使用进行了重大而认真的准备，则有权免费延长此类使用或按之前准备的用途使用（前用户的权利）。

2. 先用权只能与企业或者营业，或者企业的一部分，或者营业中使用了发明、实用新型、工业外观设计的，或者对该使用进行了重要和认真准备的，一起转让或者转移给其他人。

第 45 章 地理标志知识产权

第 501 条 地理标志知识产权的取得

1. 地理标志知识产权自国家登记之日起产生，法律另有规定的除外。

2. 地理标志的法律保护范围根据产品（服务）的特点及其原产地的地理范围确定，并由国家对地理标志知识产权登记备案。

第 502 条 地理标志知识产权的主体

地理标志知识产权的主体是商品生产者、消费者协会以及法律确定的其他人。

第503条 地理标志知识产权

1. 地理标志知识产权是：

（1）通过地理标志标识商品（服务）的权利；

（2）地理标志使用权；

（3）防止非法使用地理标志的权利，包括禁止此类使用。

2. 属于个别主体的地理标志知识产权由法律规定。

第504条 地理标志知识产权的有效期

地理标志知识产权自国家登记之日起生效，并在保持本标志所示的商品（服务）特征的条件下，受到无限期保护。

第46章 商业秘密知识产权

第505条 商业秘密的概念

1. 商业秘密是秘密信息，它的整体或其组成部分的特定形式和组合是未知的，一般处理所属信息类型的人是不容易获得的，与此同时信息具有商业价值，合法控制这个信息的人按照现实情况采取适当保密措施。

2. 商业秘密可以是技术的、组织的、商业的、工业的或其他性质的信息，但依法不能归为商业秘密的信息除外。

第506条 商业秘密知识产权的财产权

1. 商业秘密知识产权的财产权是：

（1）商业秘密的使用权；

（2）许可使用商业秘密的专有权；

（3）防止非法披露、收集或使用商业秘密的专有权；

（4）法律规定的其他知识产权财产权。

2. 商业秘密知识产权的财产权属于合法确定商业秘密信息的人，合同另有约定的除外。

第 507 条　国家权力机关保护商业秘密

1. 国家权力机关有义务保护商业信息免受不正当使用，商业秘密的产生与创造需要付出相当大的努力，授予商业秘密的目的是使他们获得与制药的、农业的产品和含有新的化合物的化工产品相关活动的法定许可。这些信息的披露也受到国家权力机关的保护，除了必须披露以确保居民受到保护或不采取措施保护以避免不正当商业使用的情况。

2. 在法律规定的其他情况下，国家权力机关也有义务保护商业秘密。

第 508 条　商业秘密知识产权的有效期

商业秘密知识产权的有效期受本法典第 505 条第 1 款规定商业秘密总体特征存在期限的限制。

第 75 章　知识产权财产权的处分

第 1107 条　知识产权财产权处分的合同类型

1. 知识产权财产权的处分根据下列合同实施：

（1）知识产权客体使用许可证；

（2）许可合同；

（3）知识产权客体定制和使用创作合同；

（4）知识产权专有财产权转让合同；

（5）其他知识产权财产权处分合同；

2. 知识产权财产权处分合同以书面形式签订。

知识产权财产权处分合同在不遵守书面形式时是无效的。

知识产权财产权处分合同在法律规定的情况下可以签订口头合同。

第1108条 知识产权客体使用许可

1. 拥有知识产权客体使用许可专有权的人（许可人）可以书面授权他人（被许可人）在一定的范围使用该客体（知识产权客体使用许可）。

2. 知识产权客体使用许可可以作为单独文件或者成为许可合同的组成部分。

3. 知识产权客体使用许可可以是独占的、排他的、非独占的以及不与法律抵触的其他方式。

独占许可只发给一个被许可人，并排除许可人在该许可限制范围使用知识产权客体的可能和在规定范围发给其他人使用该客体的许可证的可能。

排他许可只发给一个被许可人，并排除许可人在该许可限制范围发给他人知识产权客体使用许可证，但不排除许可人在规定范围使用该客体的可能。

非独占许可不排除许可人在该许可限制范围使用知识产权客体，并在规定范围发给其他人使用该客体的许可证的可能。

4. 经许可人书面形式授权同意的被许可人可以书面授权他人使用知识产权客体（再许可）。

第1109条 许可合同

1. 按照许可合同一方当事人（许可人）授予另一方当事人（被

许可人）使用知识产权客体的许可证的条件，按照双方协议并考虑本法典和其他法律的要求确定。

2. 在许可合同有规定的情况下，可以签订再许可合同，按照再许可合同被许可人授予其他人（再被许可人）使用知识产权的再许可。在此情况下，如果许可合同没有另外规定，被许可人向许可人承担再被许可人行为的责任。

3. 知识产权客体的许可种类、使用范围在许可合同中规定（合同规定的具体权利、上述客体的使用方式、授予权利的区域和期限等），知识产权客体使用报酬支付的数额、程序和期限，以及当事人认为列入合同的其他合理条件。

4. 如果许可合同没有另外规定，许可合同被认为是授予非独占许可。

5. 知识产权在合同签订时无效，知识产权客体使用权不能成为许可合同的标的。

6. 知识产权客体使用权和其使用方式在许可合同中没有明确，视为没有赋予被许可人。

7. 在许可合同中没有规定知识产权客体使用权授予的区域条款，许可行为扩及乌克兰全境。

8. 如果许可合同中有关作品的出版或者其他复制，报酬由固定金额形式确定，那在合同中应当规定作品的最大发行份数。

9. 与本法典条款抵触的许可合同条款无效。

第1110条　许可合同期限

1. 由合同规定的许可合同签订的期限应当不晚于合同中确定的

知识产权客体专有财产权效力到期的时间。

2. 被许可人违反合同约定的知识产权标的使用期限的，许可人可以解除许可合同。如果对方违反合同的其他条款，许可人或被许可人可以解除许可合同。

3. 许可合同中没有合同期限条款时，许可合同视为签订了合同中确定的知识产权客体专有财产权效力到期前剩余的期限，但不超过五年。如果在上述五年期限届满前六个月内任何一方当事人没有书面通知另一方当事人终止合同，合同视为无限期延长。如果按照当事人的约定没有对通知规定更长时间的，每一个当事人可以在任何时间终止合同，并在合同解除前六个月内书面通知另一方当事人。

第 1111 条　格式许可合同

1. 授权部门或者创意协会可以依法确立格式合同。

2. 许可合同可以含有格式合同没有规定的条款。如果知识产权创造者签订许可协议的条款和条件相较于法律或格式许可合同规定的情况对其更加不利，那么条款无效，并应由示格式许可合同或法律规定的条件取代。

第 1112 条　知识产权客体预定创作和使用合同

1. 按照知识产权客体预定创作和使用合同，一方当事人（创作者——作家、艺术家等）根据另一方当事人（预定人）的要求在规定期限内承担创作知识产权客体的任务。

2. 知识产权客体预定创作和使用合同应当由预定人规定该客体的使用方式和条件。

3. 按订单创作的艺术品的原件将成为客户的财产。在这种情况下，除非合同另有规定，否则本作品的知识产权归创作者所有。

4. 以订购和使用知识产权客体的创作合同条款，限制该客体创作者创作其他客体的权利无效。

第 1113 条　知识产权专有财产权转让合同

1. 按照知识产权专有财产权转让合同，一方当事人（享有专有财产权的人）根据法律和合同规定的条件将这些权利部分或者全部转让给另一方当事人。

2. 签订知识产权专有财产权转让合同不影响以前签订的许可合同。

3. 相较于本法典和其他法律规定地位，贬低相关客体创作者或者其继承人的地位，以及限制创作者创作其他客体的权利的知识产权专有财产权转让合同条款无效。

第 1114 条　知识产权财产权处分合同的国家登记

1. 知识产权客体使用许可和本法典第 1109、1112 和 1113 条规定的合同没有必要进行强制性国家登记。

它们的国家登记按照许可或者被许可人要求依照法律规定的程序实施。

没有国家登记不影响按照许可或者其他合同规定的权利和相关知识产权客体其他权利的效力，特别是不影响被许可人请求法院保护自己权利的效力。

2. 根据本法典和其他法律，知识产权专有财产权转让的事实在国家登记后有效的，应当进行国家登记。